우리가 꿈꾸는 기독교 학교

우리가 꿈꾸는 기독교 학교

지은이 · 기독교학교연구회 공저
초판 1쇄 찍은날 · 1999년 12월 16일
초판 1쇄 펴낸날 · 1999년 12월 22일
펴낸이 · 김승태
교정 · 원성삼
영업 · 김석주
등록번호 · 제2-1349호(1992. 3. 31)
펴낸곳 · 예영커뮤니케이션
110-616 서울 광화문 우체국 사서함 1661
(편집부) T.(02)2264-7211 F.(02)2264-7214
(출판유통사업부) T.(02)830-8566 F.(02)830-8567
E-mail:jeyoung@chollian.net
ⓒ기독교학교연구회, 1999

ISBN 89-8350-178-2   03320

값 6,000원

■ 잘못 만들어진 책은 언제든지 교환해 드립니다.

우리가 꿈꾸는 기독교 학교

기독교학교연구회 공저

예영커뮤니케이션

차 례

추 천 사

기독교학교연구회 고문 이영덕 박사(한동대 이사장)

여러 해 동안 집담회 형식으로 모여왔던 아세아연합신학대학교 교육연구원의 월례회가 기독교학교연구회의 모습으로 조직된 지 한 해 만에 그 첫 번째 소산인 『우리가 꿈꾸는 기독교 학교』를 발간하게 되었습니다. 이는 그 동안 외국의 기독교 학교를 연구하면서 우리의 토양과 현실에 맞는 기독교 학교를 연구하고 기도해 온 열매라고 할 수 있습니다.

최근 한국의 기독교 교육에는 큰 변화가 있었습니다. 이러한 역사는 우리의 기도에 응답하신 하나님의 은혜입니다. 90년대에 들어와서 전통적인 미션 스쿨이 아니라 기독교적 교육과정을 운영하는 학교에 대한 관심이 고조되면서, 실제로 이런 형태의 학교가 우리 나라에도 등장하게 되었습니다. 중앙기독초등학교의 개교는 우리 기독교 학교교육에 큰 이정표가 되었습니다. 이후 한동대학교가 설립되어 한국 사회에 큰 도전을 주고 있습니다. 이제 여기에 우리는 중등학교의 수준에서 참다운 기독교 교육을 어떻게 할 수 있는지 모색하고 있습니다.

국내에도 소규모의 중등학교를 지을 수 있는 여건이 조성되었습니다. 우리가 최근 잘 알고 있듯이 고등학교를 세우고 교육하는 데에 제약이 덜어진 것입니다. 특성화 고등학교와 대안학교 설립이 이전에 비하여 비교적 자유롭습니다. 이는 우리의 기독교 학교 운동에 매우 고무적인 상황입니다. 누구나 뜻이 있다면 기독교 고등학교를 세울 수 있는 것입니다.

하지만 지금 현재에도 학령인구추정에 비하여 학교가 너무 많은 것이 아닌가 하는 분들도 있습니다. 또한 왜 기독교 고등학교가 필요한가 하는 의문을 제기하는 분도 있습니다. 여기에 대한 대답은 여러 가지가 있을 수 있겠지만, 우선 우리 나라의 경우에도 이미 고등학교의 교육적 환경이 너무 황폐화하고 있기 때문이라고 말씀드리고 싶습니다. 학생들은 거친 가정과 사회 환경, 상대주의적인 가치관에 의하여 이미 올바른 가치관을 확립하기에 어려운 형편에 있습니다. 기독교인들이 교육을 신뢰하면서 자녀를 보낼 만한 학교가 없다고 말해도 과언이 아닙니다.

본인은 근 50년간 교육에 종사하였습니다. 교육학자로서 열성을 다해 연구하고, 보다 나은 교육을 위하여 애를 쓰면서 한국의 교육에 이모저모로 관련해 왔습니다. 그런데 복음의 참 의미를 깨닫고 난 후 제게는 의문이 생겼습니다. 인간 교육을 잘하려고 노력하여 온갖 이론과 방법을 고안해 보았지만 인간의 변화는 언제나 기대보다 못한 것이었습니다. 특히 내면의 깊은 변화, 인간성의 변화는 일반적인 교육으로는 거의 불가능한 것이었습니다. 그런데 예수를 믿고 난 후에는 본인의 변화와 더불어 이웃의 변화를 보면서 여러 가지 많은 것을 깨닫게 되었습니다. 예수님을 믿게 된 후의 변화는 새로운 이론이나 방법이 가능하게 하는 것이 아니라 내적 생명의 변화이며 초자연적인 하나님의 역사에 대한 것이었습니다. 만약 이러한 하나님의 복음에 입각한 교육을 한다면 인간은 얼마나 놀라운 성장을 할 수 있겠습니까? 이를 설명하고 싶어서 1991년 정년퇴임 후에 인간의 변화를 연구하는 교육연구원을 개원하게 되었습니다. 연구소를 설립하고 얼마 지나지 않아서 하나님의 또 다른 인도하심을 따라 여러 가지 공무에 종사하게 되었지만 저에게 이 연구의 주제는 늘 마음에 남아 있었습니다.

인간을 키우는 것은 이 세상에서 가장 중요한 일입니다. 우리가 아무리 놀랄 만한 경제성장을 이루고 위대한 과업을 이룬다고 하더라도 올바른 인간을 키워 내지 못한다면 우리의 미래는 소망이 없습니다. 우리는 경제적인 환경이 나아지면 교육이 저절로 나아질 것이라고 소박하게 생각하는 경향이 있습니다. 그러나 최근 미국에서 연이어 일어나는 학교 총기난사사건의 지역이 대체로 중산층 이상이 거주하는 고급주택지역의 공립학교라고 하는 것은 예사로 볼 사실이 아닙니다.

한국 교회는 학교에서 무슨 일이 일어나는 지 바로 보고 현실을 직시해야 합니다. 21세기에는 교육은 포스트모더니즘의 다원주의와 상대주의가 일반화될 것입니다.

기독교인인 우리들은 학교에 가서 반기독교적인 세계관에 오염되는 우리의 후손들은 그대로 방치해 둘 수는 없습니다. 그러므로 기독교적인 시각과 관점 위에서 제작된 교과서와 교육이 21C에는 더더욱 절실히 필요한 것입니다. 한국 교회는 이를 대비하여 일꾼들을 기르고, 또한 학교를 짓는 일에 관심을 가져야 합니다. 그렇게 되지 않을 경우, 해외에서는 선교하면서 국내에서는 자손들을 믿음에서 떠나 보내게 되는 결과를 볼 것입니다. 19세기 대영제국이 그 많은 선교사들을 보내고 선교에 관심을 기울였지만 모더니즘의 인본주의적 교육내용을 간과하므로 결국 교회의 쇠퇴를 가져오게 되었던 것을 우리는 기억해야 합니다.

포스트모던의 세계는 거대 이야기가 아니라 작은 이야기들의 세계가 될 것이라고 전망하면서 소수화, 다각화된 사회환경이 될 것이라고 합니다. 이 속에서 21세기의 교육은 매우 다양하게 될 것입니다. 각자 자신에게 맞는 학교들을 제각기 선택하게 될 것입니다. 그와같이 다양화된 교육 풍토 속에서 기독교 교육이 제대로 제공되지 않는다면, 우리의 후손들은 마땅히 받아야 할 주의 교양과 훈계의 교육을 받을 수 없다는 것을 의미할 것입니다. 이는 우리 기독교인들이 자신의 책무를 다하지 않는 일이며, 하나님 앞에서 우리가 책망을 받게 될 것입니다. 우리 기독교인들은 이제 학교에서 기독교적 세계관에 입각한 기독교 교육을 통하여 영육간에 잘 통합된 인격을 키워 내어야 합니다. 21세기의 사회에서 기독교인들이 제 목소리를 내고 리더쉽을 발휘할 수 있기 위해서는 이러한 교육이 반드시 필요하고 그와 같은 역할을 감당한 학교가 꼭 필요합니다.

이 글의 집필진은 현직 교사와 교수들입니다. 각자 바쁜 일정에도 불구하고 하나님께서 주신 부담을 느끼면서 모여 기도하고 한국의 현실에 가능한 기독교 학교를 연구해 왔습니다. 그 첫 결실인『우리가 꿈꾸는 기독교 학교』는 기독교 학교교육이 왜 필요한지, 그 특징이나 기초는 무엇인지 궁금해 하는 일반 사람들이 쉽게 읽을 수 있도록 꾸며져 있습니다. 그러나 결코 가벼운 내용은 아닙니다. 교육과정이나 조직, 시설에 이르기까지 한국에 알맞는 형태의 기독교 고등학교를 세우기 위한 여러분들의 고민과 인도하심에 따른 결정체이기 때문입니다.

　예수님 안에서 사랑하는 여러분, 학교에서, 교회에서 가정에서 이 책을 함께 읽으시고 하나님께서 주시는 비전대로 기도하시면서 학교를 지어 나아갑시다. 우리 주님께서 더 원하시는 일이기 때문에 도와 주실 것입니다. 우리들의 노력에 계속적인 관심을 가지시고 계속 기도해 주시기 바랍니다. 기독교학교연구회의 발전을 통하여 교육에서 하나님의 나라가 확장되고 하나님께서 영광받으시기를 간구합니다.

1999년 12월

머 리 말

오랜 시간 기독교 학교를 꿈꾸어 온 사람들이 모여서 그 꿈을 글로 표현해 보았습니다. 이 책은 우리가 꿈꾸는 학교를 우리의 눈으로 보기 위한 준비 작업입니다. 그래서 이 책의 내용에는 우리가 준비해 왔고 또 준비해야 할 것들이 쓰여 있습니다. 이 책 속에 나오는 학교는 가상의 학교이지만 단순한 가상의 학교만은 아닙니다. "믿음은 바라는 것들의 실상이요 보지 못하는 것들의 증거니"라는 하나님의 말씀에 의거하여 이 책에 나오는 학교는 바로 우리의 마음 속에 살아 있고 또한 하나님 나라에 그 청사진이 있는 실제적인 학교입니다.

우리들이 기독교 학교를 꿈꾸어 온 것은 10년 이상 됩니다. 각자의 자리에서 각자의 방식대로 기독교 학교를 향한 마음을 키워 왔고 준비해 왔습니다. 그러던 중 지난 1998년 우리의 마음을 하나로 모았습니다. "더 이상 못 기다리겠다. 이제는 학교를 세우자!" 이것이 바로 우리의 하나된 마음이었습니다. 그러나 실제로 함께 모여 보니 여전히 준비해야 할 것들이 많았습니다. 우선 각자가 그려온 학교의 꿈을 하나로 정리하는 일이 필요했습니다. 학교의 현관 모양부터, 교장 선생님의 인품, 아이들의 모습, 교실의 분위기 등등. 각자가 모아온 벽돌들을 하나님의 다림 줄에 맞추어 하나씩 쌓아 가기 시작했습니다. 모이기를 더할 때마다 벽돌은 하나의 학교로 모양을 갖추어 갔습니다. 우리는 학교의 학부모가 되어 보기도 하고 학생이 되어 보기도 하고 또 교실에서 가르쳐 보기도 하였습니다. 서로에게 학교를 소개할 때는 자랑스럽기도 하였습니다. 마치 꿈을 꾸는 하나님의 아이들같이….

반드시 실현될 이 꿈을 다른 사람과 나누고 더 많은 사람들이 같은 꿈을 갖기 원해서 책으로 만들었습니다. 몇몇 이상주의자들의 꿈을 이야기하고 싶은 것이 아닙니다. 남과 다른 교육을 하겠다는 사치스러운 우월감에서 뭔가 새로운 것을 소개하겠다는 것은 더욱 아닙니다. 교실이 붕괴되고 상당수의 아이들이 방치되고 있는 우리의 학교교육 현실에서 사랑하는 아이들에게 그리스도의 마음으로 다가갈 수 있기를 원하는 마음입니다. 그리고 우리를 통해 일하기 원하시는 하나님의 학교교육에 대한 소망과 기대를 나누고 싶은 것입니다.

한 마음이 되게 하시고 서로의 부족함을 채우는 법을 배우게 하시며 그것을 통하여 이 일을 이루신 하나님께 감사드립니다. 이 책을 읽으시는 모든 분들을 저희 학교에 초청할 날이 속히 오기를 기대하며 이 책을 하나님께 올려드립니다. Soli Deo Gloria !

1999년 겨울
글쓴이들

도 움 말

드림고등학교라는 학교 이름의 의미는 두 가지입니다. 한국어로서는 하나님께 우리를 드린다는 것을, 영어로서는 우리의 꿈을 의미합니다. 드림고등학교는 머리말에서도 밝혔듯이 가상의 학교입니다. 학교를 방문한 한 여기자의 눈을 통해 그리고 그녀의 질문들을 통해 우리가 꿈꾸는 학교를 소개하고자 하였습니다. 그 기자와 함께 학교를 방문한 기분으로 읽으시면 흥미로울 것입니다.

 1장 '미리 가 본 학교'에서는 드림고등학교의 외관과 시설을 상상해 보실 수 있습니다. 가르치는 자와 배우는 자가 모두 자신의 능력을 최대한 발휘하며 교육의 효과를 극대화할 수 있는 공간을 구상하였습니다. 그리고 자연과의 친화, 인간 상호간의 교제가 풍성히 일어날 수 있으며 나아가 그 모든 것이 하나님 안에서 구현될 것을 추구하는 정신을 학교 공간 전체에 반영하고자 하였습니다.

 2장에서는 드림고등학교에 다니는 '누리'의 생활을 통해 이 학교에서 가르쳐지는 내용과 교사들의 태도, 그리고 그것이 학생들의 삶에 가져올 수 있는 영향을 엿보실 수 있습니다. '누리'는 실제 한 고등학생의 이름을 빌려온 것입니다. 책 속의 누리에게 일어나는 행복한 변화들이 우리 아이들에게도 실제로 일어나기를 바라는 다음으로 읽어 주십시오.

3장 '꿈을 가꾸어 가는 사람들' 은 선생님들의 이야기입니다. 이 책을 쓴 사람들의 자기 자신에 대한 꿈이 표현되어 있습니다.

4장은 학교의 행정에 관한 것입니다. 기독교 학교를 실현하기 위해 필요한 것들, 구체적으로 준비되어야 할 것들을 생각할 수 있는 부분입니다.

5장에서는 학교의 토대와 이념에 대한 신학적이고 철학적인 문제들을 다루고 있습니다. 드림고등학교를 통하여 기독교 학교의 가장 본질적인 부분들을 보실 수 있습니다.

6장에서는 이 학교가 나아가고자 하는 방향이 다루어지고 있습니다. 기독교 학교교육을 통하여 이루어 내고자 하는 인간상이 무엇인지 함께 생각해 볼 수 있습니다.

여러분들이 평상시 꿈꾸시던 학교의 모습을 생각하면서 또 하나의 기독교 학교를 만들어 보십시오. 이 책이 좋은 길잡이가 되어 줄 것입니다. 나아가 이 책은 그 동안 이론적으로 논의되던 기독교 학교의 문제를 보다 현실적으로 볼 수 있도록 도와 줄 것입니다.

1장

미리 가 본 학교

　가을비가 내리는 어느 날 김지혜 기자가 출근하자마자 책상 위의 전화
가 울렸다. 어디론가 떠나고 싶은 기분을 불러일으키는 창 밖을 바라보
며 수화기를 들었다.

"김지혜입니다."

"김 기자?"

　반가운 선배의 목소리를 금방 알아챈 김 기자의 얼굴에는 활짝 웃음이
배였다.

"웬일이에요, 선배?"

"저번에 우리 아들 학교에 한번 가보고 싶다고 했지? 그래서 내가 학교
에 가는 날 연락해 달라고 했잖아?"

　김 기자는 지난 번 선배를 만났던 일이 생각났다. 대학시절의 은사님을
모시고 해마다 한 번씩 여름에 냉면을 먹는 자리에서 선배의 아들이 화
제에 올랐다. 누리는 귀염둥이라 은사님을 모신 자리에서만 아니라 자주

화제에 오르곤 했다. 모범생 공부벌레 대학교수인 엄마와는 달리 공부에 전혀 취미가 없고 만화만 좋아한다는 선배의 아들은 유난히 모임의 관심을 집중시켜 왔었다. 그 누리가 어느새 고등학교에 진학했는데, 그 애가 학교 가기를 즐거워하게 되었다고 한다. 만화 그리는 시간보다 공부한다고 책보고 글쓰고 하는 시간이 더 많아졌다는 것이다. '누리 맞아?' 하고 식구들이 놀랄 정도라고 했다.

"성적이 많이 좋아진 것은 아니지만 공부하는 기쁨을 알게 되었다는 것이 대견하더라. 누리가 공부에 취미를 못 갖고, 학교 그만 다니면 안 되겠느냐고 말할 때마다 부모로서 뭔가 자식을 잘못 키운 것이 아닌가 걱정도 많이 했었는데…."

말끝을 흐리며 웃는 선배의 얼굴을 보며 김 기자는 호기심이 생겼었다.

"그 새로 생긴 고등학교가 누리에게 잘 맞는 모양이지요?"

"우리가 기대한 것보다 더 잘 맞는 모양이야. 누리 말에 의하면 다른 아이들도 대부분 다 학교를 좋아한대. 자원봉사 하러 가는 내가 보기에도 아이들이 공부에 찌들린 요즘 고등학생들 같지 않아 보였어."

김 기자는 선배가 한 달에 한 번 자원봉사 하러 간다는 것을 듣고 2학기 개학한 뒤 자원봉사 하러 가는 날 함께 가자고 부탁했었다. 김 기자는 어렸을 때부터 교사가 되는 것이 꿈이었다. 비록 1년 동안이었지만 강사로 고등학교에서 가르쳤던 경험도 있었다. 월간지 기자가 된 후로도 교직은 어렵지만 가치 있고 도전해 볼 만한 일이라고 생각해 왔었다. 더욱이 교육, 가정, 육아, 상담 담당 기자이다보니 늘 교육과 접할 기회가 많았고 자연 학교교육에도 관심을 가지고 있었다. 대안학교에 관한 탐방기를 몇 차례 연재한 적도 있었다. 그래서 선배의 말에 귀가 번쩍 띄었던 것이다.

기자생활 7년차인 김 기자는 자연스러운 학교 탐방을 하고 싶었고 또

그걸 기회로 서로 바빠서 잘 만나지 못하는 선배와 시간을 보낼 생각에 취재 계획서를 부장에게 내밀었다.

"드림고등학교 취재라구요? 지방출장입니까?"

"경기도는 경기도인 모양인데 불암산 있는 데랍니다."

"이름은 들어 본 학교 같기도 한데, 새로 생긴 학교입니까?"

"지난해 개교한 통합교육 특성화 고등학교라는데 아들이 거기 다니는 한 선배가 아주 좋은 학교라고 소개해서 한번 가 보려구요."

"김 기자는 원고 다 마감했으니 나가도 괜찮겠지만 대안학교니 특성화 고등학교니 하는 게 요새는 흔해서 기사거리가 되겠어요?"

"최근 많아지긴 했지만 아직 흔하다 하기는 어렵지요. 게다가 이 학교는 다른 학교들하고 좀 다른 것 같습니다. 중학교 때까지 공부에 전혀 흥미가 없고 학교를 싫어하던 선배의 아들이 이 학교에 진학하고는 학교에 가는 것을 좋아할 뿐 아니라, 소극적이던 성격이 적극적으로 변했다고 하더군요."

*　　　*　　　*

출근시간이 지나서인지 지하철은 여유가 있었다. 버스는 막히기도 하지만 선배의 집에서 가까운 지하철역에서 만나 함께 가기로 했기 때문에 김 기자는 지하철을 이용하기로 했다. 지하철역에서 학교까지는 승용차로 10분이 안 걸린다고 했다. 지하철에서 나오자 먼저 와서 기다리고 있는 선배가 보였다. 선배의 차에 오른 시간은 10시가 막 지나고 있었다.

"자원봉사자들은 10시까지 학교에 가야 하는데 김 기자랑 함께 가니까 조금 늦어도 괜찮겠지."

성격이 깔끔한 선배는 시간이 늦는 것에 신경이 쓰이는 듯 하였다. 차창 밖으로 스쳐 지나가는 경관은 시간이 없어서 그렇지 걸어가도 좋을 만큼 수려하였다. 불암산이 한 눈에 다가온다. 훌쩍 산으로 가고 싶다는 충동이 생겼다. 학교에 대하여 미리 좀 더 알아 두고 싶어서 김 기자는 선배에게 질문을 던졌다. 선배가 이 학교를 알게 된 것은 벌써 4년 전이었다고 한다. 그 때는 교육에 뜻 있는 사람들이 대안학교를 세우는 것이 붐이었다. 김지혜 기자 자신도 시골에 있는 폐교를 하나 사서 수리하여 대안학교를 해 보면 어떨까 하고 궁리해 보았을 정도였다.

선배 남편인 목사님도 그런 학교에 관심이 많았다. 그러다가 우연히 드림고등학교의 설립을 준비하며 기도하는 모임을 알게 되었다. 어떤 모임인가 궁금하여 참석했다가 그 학교의 설립 취지에 동감하여 그 후에 기도후원자로 참여해 왔다고 한다. 누리가 중학교 3학년이 되던 때 마침 이 학교가 개고하게 되어 누리를 이 학교에 진학시켰다는 것이다. 학교가 불암산 기슭에 자리잡아서 지난 해 연말에는 누리의 진학을 위해 분당의 집을 세놓고 전세를 얻어 이사까지 했다는 것이다.

"가까운 데 사는 학생들만 다니는 것은 아닌 모양이예요?"

"강북에 사는 통학생들도 있는 모양인데 학교 가까운 곳으로 이사한 사람들도 제법 있어. 지난 학기에 사귄 학부모들 중에 우리 아파트 단지에 사는 사람들은 대부분 학교 때문에 이사한 사람들이더라. 나처럼 분당 같은 경기도에서 온 사람도 있고 서울에서 온 사람들도 있어."

*　　　*　　　*

이야기를 나누는 중에 어느덧 학교에 다다랐다. 학교 정문이 눈앞에 서 있고 좌우에 자연스럽게 조성된 수목이 이 학교의 분위기를 엿보게 하는 것 같았다. 차를 서행하면서 정문으로 들어가자 왼편에 정자처럼 생긴 수위실에서 단정하게 넥타이를 맨 노신사가 나왔다.

"반갑습니다. 누리 어머님, 오늘 봉사하시는 날입니까?"

"예, 그 동안 평안하셨지요, 선생님?"

정문 바로 옆에 있는 주차장에는 10여 대의 차가 주차되어 있었다. 노신사의 안내로 방문 학부모를 위한 자리에 차를 세우고 나서 선배는 노신사가 정년퇴직 하신 선생님이라고 소개하였다. 은퇴 후 드림고등학교에서 수위로 자원봉사하고 계신다는 것이다.

정문에서 조금 떨어진 곳에 있는 길이 5미터 정도의 화강암 바위에는 "진리를 알지니 진리가 너희를 자유케 하리라"는 글씨가 전각체로 굵직하게 쓰여 있었다. 주변에는 작은 화단들이 잘 가꾸어져 있었다. 정문 안에서 보는 학교는 대단히 인상적이었다. 벽돌로 된 4층 건물이 매우 독특하게 보였다. 선배는 하늘에서 학교를 바라보면 십자가의 모양을 하고 있다고 설명하였다. 묘한 건축형태인 것 같았다. 그리고 운동장은 건물의 동편에 자리하고 있는데 원형 모양이다. 전체 대지는 약 4천 평쯤 되어 보인다. 교실이 있는 건물이 차지한 면적이 약 7백 평쯤 되고, 신설학교 답지 않게 잘 조성된 운동장은 1천 평이 넘어 보였다. 무엇보다도 십자가형의 건물이라는 것에 신선한 감격을 느꼈다. 나중에 학교 전체 사진을 얻어야 겠다고 생각하며 일단 전면들을 찍었다. 붉은 벽돌의 십자가형 건물에 보기 좋게 배치된 아치형의 큼직한 창문은 고풍스런 느낌을 주었다. 1층을 들어서면서 선배는 오른 쪽에는 식당이 있고 왼쪽으로 휴게실이 있다고 설명해 주었다.

*　　　*　　　*

식당 안에서는 벌써 맛있는 냄새가 나고 있었다. 식당 안을 기웃거리고 있는데 선배의 목소리가 들렸다.

"안녕하세요? 교장 선생님."

선배는 웃으며 중년의 남자 선생님과 인사를 나누고 있었다.

"여기는 제 후배 김지혜 기자예요."

"어서 오십시오. 반갑습니다. 드림고등학교 교장 최윤진입니다. 누리 어머님의 전화를 받고 기다리던 중이었습니다."

한 눈에 교장 선생님은 인상이 좋아 보였고 '교장 선생님' 이라기에는 좀 젊어 보였다. 간단한 인사를 나눈 뒤 교장 선생님은 학교를 소개시켜 주시기 시작했다. 건물의 중앙에는 계단 대신 큰 나선형 통로가 있었다. 그 후편의 공간에는 행정실과 교장실, 교사휴게실, 홍보실 등이 있다고 하였다. 10여평 정도 되어 보이는 행정실의 문은 활짝 열려 있어 일하고 있는 직원들의 모습이 보였다. 행정실 뒤쪽의 닫힌 문에는 '교사휴게실' 이라는 명패가 붙어 있었다. 팩스 들어오는 소리와 전화벨 소리가 울리는 행정실을 지나 교장실로 안내되었다.

김 기자는 기자다운 날카로운 눈썰미로 내부를 둘러보았다. 다섯평 쯤 되어 보이는 교장실의 서쪽에는 책상이 놓여 있고 북쪽 벽은 서가로 꾸며져 있었다. 동쪽 방향에는 투명유리의 미닫이문이 있어서 바깥이 보이고 쉽게 나갈 수 있게 되어 있었다. 교장실에서 바라보니 작은 정원과 정자, 분수대가 보였다. 책상 앞, 방 한가운데는 흔한 소파세트가 아니라 둥근 탁자와 다섯 개의 자그마한 의자들이 예쁘게 배치되어 마주 놓여 있었다. 탁자에는 고운 청록색 보가 덮여 있었다. 그 한 가운데에는 화단에서 방금 따온 듯한 들풀과 자주색 성경책이 놓여 있었다. 호화로운 것과는 전혀 거리가 멀지만 운치 있는 분위기였다.

유리문 너머로 보이는 정원에는 코스모스와 국화들이 벌써 피어 있었다. 비온 뒤라 그런지 꽃들은 매우 싱싱하고 선명하게 돋보였다. 좋은 환경에서 자라는 화초들인지라 더 생기가 넘치는 것 같았다. '아마 교육의 환경이 좋다면 배우는 아이들도 저 화초처럼 싱싱하고 건강하게 자라겠지.' 라고 혼자 생각해 보았다. 잠시 함께 차를 대접받은 후 선배가 자원 봉사를 위하여 도서관으로 간 뒤에 본격적인 학교 탐방이 시작되었다.

"교장실이 보통 학교보다 좀 작은 것 같습니다."

어색한 분위기를 깨느라 김 기자가 먼저 운을 뗐다.

"교장실은 클 필요가 없지요. 업무를 하는 것과 연구하는 정도의 공간이면 충분합니다. 어떻습니까? 아늑하지요? 교장도 개인의 공간이 필요하지요. 교장이 언제나 연구하는 모습을 보여야 선생님이나 학생들도 본을 받는 것 아니겠어요? 저는 항상 배우는 마음을 가지려고 노력합니다. 학생이나 선생님에게 좋은 본을 보이기 위해서도 그렇지만 제 자신의 삶을 위해서도 그런 자세는 중요하다고 생각합니다."

김 기자는 최 선생님이 교장이지만 전혀 권위적이지 않은 모습이 마음에 들었다. 사실 교장의 직위는 섬김을 받는 것이 아니라 섬기기 위하여 있는 것이라는 김 기자의 평소 소신과도 일치하는 것이었다. '학교의 가장 큰 어른이 이런 모습을 보이니 이 학교는 뭔가 될 것 같구나.' 싶었다.

*　　　*　　　*

교장 선생님을 따라 행정실 옆의 홍보실로 들어가니 서울의 한 갤러리에 온 듯한 착각이 들 정도로 잘 꾸며져 있었다. 삼면에는 자료들이 작품처럼 걸려 있고 가운데에는 긴 전시대가 놓여 있었다. 전시대 안에는 학교 전체의 모형이 놓여 있었다. 벽에는 교장 선생님께서 말씀하신 대로 학교의 모든 내용을 알 수 있도록 자료가 짜임새 있게 전시되어 있었다. 특히 실내의 조명은 위쪽의 창과 미닫이 창문을 통해서 빛이 은은하게 들어오도록 설치되어 있었다. 유리로 된 전시대 안에는 기독교적인 모형 유물과 역사적 자료가 진열되어 있었다. 그 수는 많지 않았지만 잘 정돈되어 있다는 인상을 받았다. 홍보실을 나와 행정실로 들어갔다. 행정실의 세 명의 직원들은 우리에게 웃는 얼굴로 인사를 했지만 각자가 하던 일은 멈추지 않았다.

"직원들이 몹시 바빠 보이는군요."

"예, 오늘 저녁에 학교운영위원회가 있습니다. 그래서 아마도 자료를 준비하느라고 좀 바쁜 모양입니다."

학교 건물의 전반적인 방향은 남향으로 되어 있었고 나선형 통로는 4층까지 막히지 않고 터져 있는 게 특징이었다. 그리고 꼭대기는 유리 돔으로 되어 있어 복도나 계단이 어둡지 않았다. 1층 입구에 있는 식당은 상당히 넓어 보였다. 식당이 1층 입구에 있는 것이 독특하다는 김 기자의 생각을 눈치채고 교장 선생님이 먼저 말을 꺼냈다.

"학생들이 점심을 먹고 나서 가능하면 밖에 나가 충분한 신체활동을 하도록 유도하기 위해 일부러 1층에 식당을 두었습니다. 그게 효과가 있어 우리 학생들 대부분은 식사 후에 밖으로 나가 활동하며 점심시간을 보냅니다."

"그렇군요, 식당의 좌석은 어느 정도 됩니까?"

"거의 200석 정도입니다. 지금은 1, 2학년밖에 없기 때문에 한꺼번에 들어 갈 수 있습니다만 나중을 위하여 개교했을 때부터 계속해서 시간차 급식을 하고 있습니다. 다시 말하면 20분 먼저 오는 반과 20분 후에 오는 반으로 나누어 급식을 하는 것이지요. 이러한 방법으로 정해진 공간과 시간을 극대화할 수 있습니다. 점심시간은 1시간 30분 정도로 식사 후에 충분한 휴식을 할 수 있도록 시간표를 짰습니다."

조리실은 상당히 넓었다. 점심식사를 하고 난 후 오후 시간에는 식당의 조리실에서 학생들이 조리실습을 하기도 한다고 설명했다. 식당의 벽에는 오늘 4시부터 동아리 모둠이 2학기 사회봉사를 위한 활동비를 마련하기 위하여 떡볶이를 만들어 팔 것이라는 광고 포스터가 붙어 있었다. 제발 많이 사먹어 달라고 말하는 떡볶이가 그려진 만화 포스터를 보니 김 기자는 웃음이 절로 나왔다.

"학생들이 동아리 활동을 많이 하는 모양이지요?"

김 기자는 웃는 얼굴로 물어 보았다.

"예, 그렇습니다. 동아리 방은 4층에 있는데 1층부터 차례로 안내해 드리지요."

매점이 있는 휴게실을 둘러보는 데 십여 명의 학생들이 음료수를 마시면서 웃고 떠들고 있었다. 모두 얼굴이 붉은 것을 보아 체육 수업을 한 뒤인 듯했다.

"안녕하세요? 교장 선생님."

몇 학생들이 일어나면서 인사하자 뒤돌아 앉아 있던 학생들도 따라 일어나면서 인사를 했다.

"운동했구나!"

"예, 농구했는데요, 우리가 이겼어요."

"음료수 내기를 했거든요."

"얘들이 실력이 좋아서 이긴 것이 아니라 우리가 봐 준 거라구요."

학생들이 저마다 떠들기 시작하자 교장 선생님은 웃으며 기자를 소개했다. 2학년 학생들은 기자라는 말에 갑자기 잠잠해졌다.

"다음 수업 준비해야 해요."

학생들은 김 기자가 자신들을 귀찮게 할 것으로 생각했는지 핑계를 대고 휴게실을 나갔다. 교장 선생님은 학생들의 마음을 짐짓 모르는 척 김 기자에게 손짓하며 학생들을 따라 나갔다. 휴식시간이 되었는지 나선형 통로로 내려오는 학생들이 많이 있었다. 학생들은 최 선생님께 큰 소리로 인사했다.

*　　　　*　　　　*

계단이 아닌 둥글게 돌아가게 되어 있는 원형램프를 따라 2층으로 올라가 보니 동편과 서편에는 중앙으로 복도가 뻗어 있었고 양쪽으로 교실들이 보였다. 실내는 참 깨끗하였다. 교실과 교실 사이에는 휴식할 수 있는 공간이 있었고 그 곳을 통하여 빛이 들어와 복도에 전등을 켜지 않아도 은은하게 밝았다.

"2층은 주로 학생들이 공부하는 공간입니다. 각 날개마다 학년별로 교실이 배정되어 있습니다."

"그러면 전학년이 같은 층에 있습니까?"

"그렇습니다. 아직 3학년이 없기 때문에 저쪽은 비어 있습니다만….."

동편의 4개 교실들은 1학년 교실이고, 서편에 있는 4개의 교실들은 2학년이 사용하는 교실이었다. 그리고 북편으로는 내년에 3학년이 사용하게 될 4개의 교실이 있었다.

"교실을 구경하려면 쉬는 시간이 되어야 겠지요?"

"매체를 사용해서 수업을 하는 반이 있으니 그리로 안내하겠습니다."

"교장 선생님은 어느 학년이 무슨 수업을 하고 있는지 다 알고 계십니까?"

놀란 김 기자의 말에 교장 선생님은 웃으며 고개를 저었다.

"그렇다면 얼마나 좋겠습니까만 실은 김 기자님이 오신다고 하여 오늘 제가 가르치기로 되어 있는 '기독교 세계관' 수업을 내일 들어 있는 '문화읽기' 수업과 바꾸었습니다. '문화읽기' 수업이 오늘 매체를 사용하거든요."

"교장 선생님도 수업을 직접 가르치십니까?"

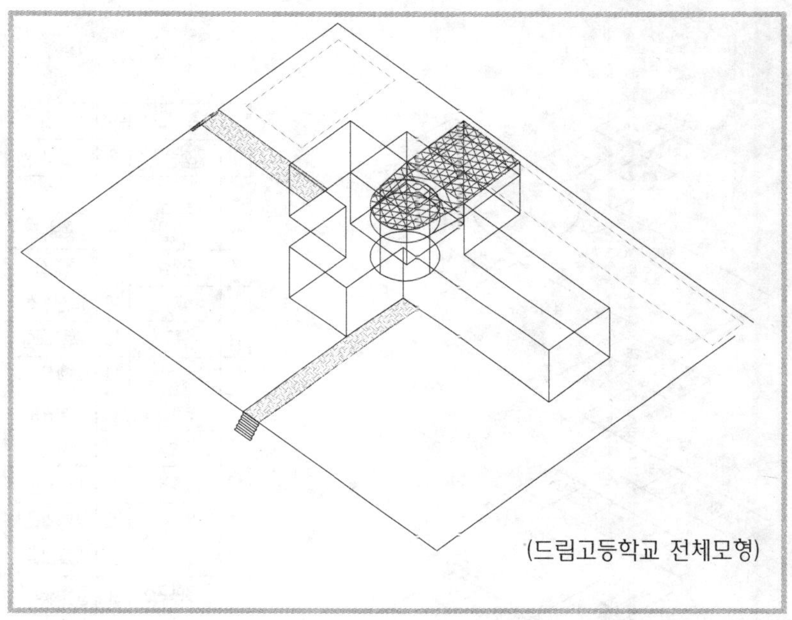

"예, 많은 시간은 아니지만 1학년을 대상으로 일 주일에 한 시간씩 기독교 세계관을 가르치고 있습니다."

교장 선생님이 안내한 동편 왼쪽의 1학년 교실 안에서는 선생님 한 분이 모니터로 영상자료를 보여 주고 계셨다. 교실 뒤쪽에는 사물함이 있었고 한 쪽 구석은 학습센터로 꾸며져 있었다. 교실 크기는 15평 정도로 크지는 않았으나 한 반 학생 수가 25명이라 수업하는 모습은 여유가 있어 보였다. 학생들은 진지한 표정으로 다큐멘터리를 보고 있었다.

2층의 분위기는 학생 수가 적어서인지 조용했다. 남편에는 중앙 복도가 길게 뻗어 있었고 복도 양편에는 특별실들이 있었다. 한 편에는 과학실, 어학실이 있었고, 다른 한편에는 컴퓨터실, 교육기자재실, 보건실, 창작실이 위치하고 있었다. 김 기자의 눈길을 끈 곳은 바로 남쪽 방향에 있는

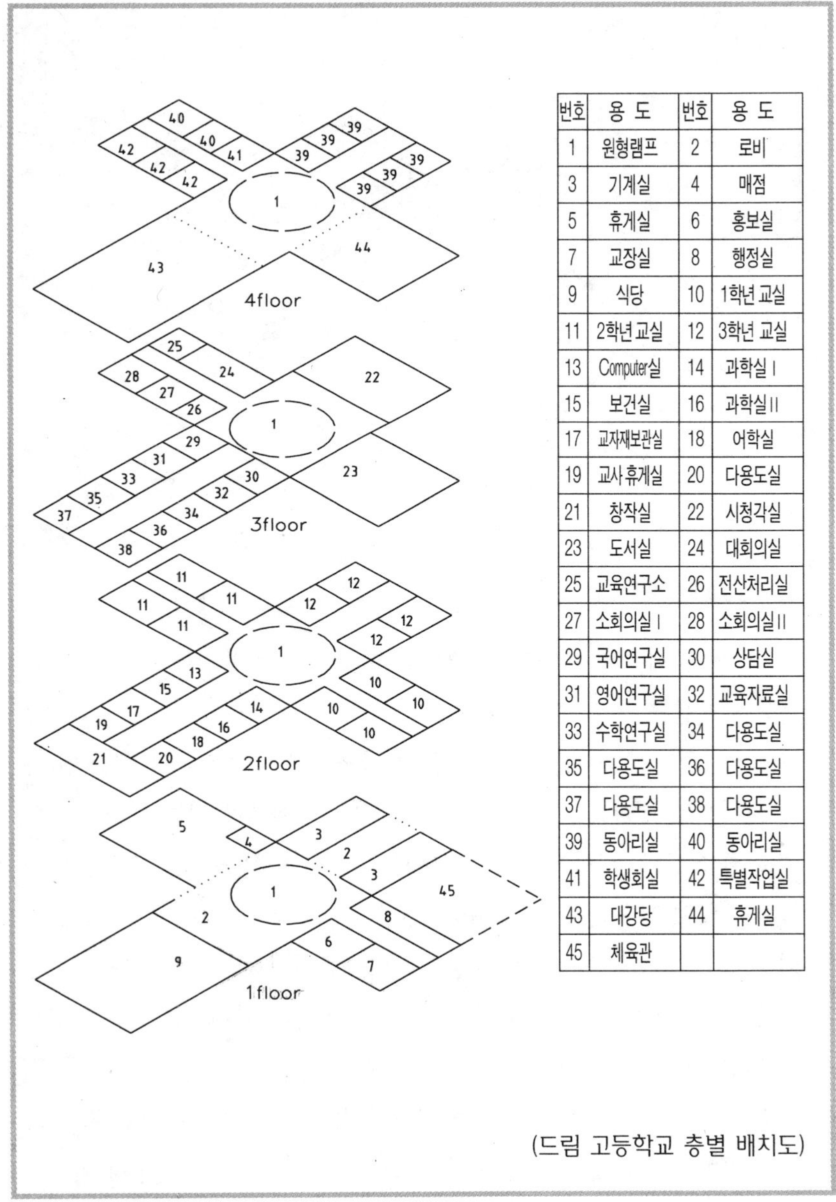

번호	용 도	번호	용 도
1	원형램프	2	로비
3	기계실	4	매점
5	휴게실	6	홍보실
7	교장실	8	행정실
9	식당	10	1학년 교실
11	2학년 교실	12	3학년 교실
13	Computer실	14	과학실 I
15	보건실	16	과학실 II
17	교자재보관실	18	어학실
19	교사 휴게실	20	다용도실
21	창작실	22	시청각실
23	도서실	24	대회의실
25	교육연구소	26	전산처리실
27	소회의실 I	28	소회의실 II
29	국어연구실	30	상담실
31	영어연구실	32	교육자료실
33	수학연구실	34	다용도실
35	다용도실	36	다용도실
37	다용도실	38	다용도실
39	동아리실	40	동아리실
41	학생회실	42	특별작업실
43	대강당	44	휴게실
45	체육관		

(드림 고등학교 층별 배치도)

교실들이었다. 남쪽 방향은 중앙 복도가 다른 쪽보다 더 길게 뻗어 있고 양편에는 특별실들이 들어서 있었다. 먼저 과학실을 살펴보았다. 과학실은 나란히 2개가 있었다. 처음에 있는 과학실은 물리 및 지구과학관련 과학실이었고 두 번째 과학실은 화학 및 생물관련 과학실이었다. 창문으로 들여다 본 과학실은 여러 실험 기구들이 잘 정리되어 있는 가구와 실험복을 넣어 두는 옷장이 있었고, 미닫이 유리문을 열고 들어서면 학생들이 곧바로 실험할 수 있는 장소가 마련되어 있다. 실험실에는 4명이 한 조가 되어 실험할 수 있는 6개의 테이블이 화이트 보드를 향하여 잘 정리되어 있었으며 옆 벽 쪽에는 과학 기자재들을 씻을 수 있는 싱크대가 마련되어 있었다.

그 옆으로는 컴퓨터실이 있었다. 컴퓨터실에는 컴퓨터만 설치되어 있는 것이 아니라 컴퓨터로 멀티미디어 수업을 할 수 있도록 천장에 고정된 대형 스크린과 빔 프로젝터가 설치되어 있고 책장에는 학생들이 읽을 수 있는 컴퓨터 관련 서적들이 꽂혀 있었다.

마지막에 있는 창작실은 일반학교의 미술실과 음악실을 합칠 수 있는 독특한 구조로 되어 있었다. 창작실은 안에서 음악실과 미술실로 나뉘어 있는 모양이었다. 각각 밖으로 향하는 문이 있어 밖에서 보면 분리되어 있는 것처럼 보이지만 안에서는 음악실과 공간을 틀 수 있도록 나무로 된 아코디언 벽이 설치되어 있었다. 음악실로 구분되는 공간에는 피아노와 오디오 세트, 그리고 칠판 등 음악 수업을 하기 위한 기본시설은 물론이고 한국 전통악기들을 포함하여 다양한 악기들이 구비되어 있었다. 미술실도 음악실과 마찬가지로 전적으로 미술 수업을 위해서 구성되어 있었다. 데생을 할 수 있도록 30개 가량의 이젤이 준비되어 있었고 스크린으로 된 한쪽 벽과 그 옆벽에는 각종 석고상들이 진열되어 있었다. 또한 조립식 작업대도 설치되어 있어서 다양한 활동이 가능하게 되어 있었다.

"음악실과 미술실을 함께 사용할 수 있도록 만드신 특별한 이유가 있습니까?"

"예, 있지요. 저희 학교는 기본적으로 통합교육을 실시합니다. 그 중에 '느낌과 표현', '창작과 예술' 같은 수업에서는 음악을 들으면서 그림을 그리거나 같은 정서적 내용을 미술적 표현과 음악적 표현으로 함께 나타내는 시도를 하기도 합니다. 그래서 음악과 미술을 함께 할 수 있는 공간이 필요하게 되었지요. 학생들은 이 과목을 무척 좋아하고 있습니다. 올해 2학년 학생들은 '창작과 예술' 수업을 하면서 이 창작실을 얼마나 유용하게 사용하는지, 저희들이 놀랄 정도입니다."

"실제로 여기서 발표회도 하나요?"

"발표회나 소 음악회 같은 행사는 3층 시청각실에서 합니다. 가끔 음악 수업을 따로 할 때도 방음장치가 된 시청각실을 사용합니다."

*　　　*　　　*

특별교실들을 구경하고 다시 건물 중앙 통로 쪽으로 나왔다. 그 복도에는 학생들이 휴식할 수 있도록 음료수 자판기가 설치된 조그만 공간이 마련되어 있었다. 김 기자는 교장 선생님과 함께 긴 의자에 잠시 앉았다. 수업 중인데도 몇 학생이 오고가는 것이 보였다. 김 기자는 저 학생들이 무슨 수업을 하는데 이렇게 수업 시간 중에 드나들고 있을까 궁금했다. 교장 선생님을 통해 가까이 지나가는 한 여학생을 조심스레 불러 물어보았다. 그랬더니 지금은 통합 교과 시간인데 2시간 연속 수업을 하기 때문에 중간에 화장실에 가려고 나왔다고 조금 부끄러운 듯이 대답했다.

"학생들이 수업 중에 드나드는 것은 수업 분위기에 손상을 주지 않습니까?"

"전혀 방해가 안 되는 것은 아닙니다만 저희 학교는 방침 상 강제로 못 움직이게 규정하지는 않습니다. 수업에 방해가 되니까 자제해 주기 바란다고 부탁은 하지요. 하지만 개인이 나가고 싶으면 언제든지 나갈 수 있습니다."

"슬쩍 나와서 수업을 빼먹는 학생도 있겠군요."

"그렇지는 않은 것 같습니다. 학생들이 몸이 아프다든지 수업을 받기 어려운 상황일 때는 선생님께 말씀을 드리고 정식으로 휴식하게 합니다. 화장실에 가는 것처럼 하고 나와서 수업을 빼먹는 것은 정직한 일이 아니기 때문에 금지하고 있습니다. 보통의 경우, 학생이 수업에 빠지겠다고 하면 교사는 허락합니다. 하지만 수업에 빠지는 학생들은 생각보다 적습니다."

"그 이유는 학생들이 수업을 좋아하기 때문이라고 보아도 될까요?"

"그렇다고 보아도 괜찮을 것 같습니다. 저희는 매년 학기말에 수업에서 좋았던 것과 부족한 것, 원하는 것 등에 대한 설문조사를 하는데, 통합교과의 경우 수업의 만족도가 아주 높게 나옵니다."

"그렇군요. 아까 화장실 간다고 나온 학생도 통합 수업중이라고 했던 것 같던데요?"

"예, 그렇습니다. 사실 학생들이 2시간 연속 수업인 통합교과 수업에 적응하기에는 상당한 시간이 필요합니다. 2학년은 2시간 동안 거의 드나드는 학생이 없습니다. 그러나 그 애들도 1학년 때에는 수업 시간에 드나드는 경우가 많이 있었습니다. 그래서 간혹 선생님에 따라서는 휴식시간에 쉬고 다시 연속강의를 하는 방식으로 운영하기도 합니다. 지금 1학년들도 1학기보다는 2학기에 많이 나아지고 있는 모습입니다."

김 기자는 교장 선생님의 말을 듣고서 이 학교는 학생들의 자율성을 최

대한 존중하는 분위기이면서도 질서와 규범을 중요시하고 있다는 것을 알 수 있었다. 김 기자는 눈을 돌려 주위에 있는 학생들을 바라보았다. 학생들은 자유로워 보였지만 그 안에 절제된 무엇인가가 느껴졌다.

마침 1층에서 가슴 한 아름 책을 안고 올라오던 선생님 한 분이 교장 선생님과 김 기자를 보고 빙그레 웃으면서 다정스럽게 인사를 해왔다.

"아, 오 선생님, 마침 잘 만났습니다. 오늘 오후에 수업이 어떠십니까?" 마침 오 선생님이 오후 시간이 비어 있다고 하자 교장 선생님은 김 기자의 안내를 부탁하였다.

"이 분은 월간지「좋은 한국」의 김지혜 기자입니다. 저희 학교를 취재하려고 오셨으니 불편하지 않게 잘 안내해 드리십시오. 김 기자님, 여기는 국어를 가르치는 오한철 선생님이십니다. 죄송하지만 저는 외부에 점심 약속이 있어서 잠시 다녀오겠습니다."

김 기자는 교장 선생님께 저녁시간을 내실 수 있는가 물어 보았다. 교장 선생님은 저녁에는 선약이 있지만 외출해서 돌아오면 1~2시간 정도는 내실 수 있다고 말씀하셨다. 김 기자는 교장 선생님과 오후에 다시 만나기로 약속하고 일선 선생님과 직접 이야기할 수 있는 좋은 기회라고 생각하여 오 선생님과 이야기를 시작하였다.

"이 학교의 2층에는 주로 수업과 관련된 교실과 특별실들이 배치되어 있군요"

"예, 그렇습니다."

"그럼, 교사들과 학생들 간의 공간이 너무 떨어져 있어서 생활지도에 어려움은 없는지요."

"전혀 그렇지 않습니다. 저희 학교는 공간을 뛰어 넘어 만남과 대화가 이루어지도록 교사와 학생들이 노력하고 있습니다. 학생들은 학교의 거의 모든 곳에 들어갈 수 있습니다. 그런 면에서 저희 학교는 학생들에게 열려 있는 공간인 셈입니다. 반면에 교사들도 학생들이 생활하는 곳은 어디든지 들어갈 수 있습니다. 하지만 이러한 모습이 무작정 열려 있는 모습의 학교를 의미하는 것은 아닙니다. 이러한 모습을 잘 지키기 위해서 저희는 예절을 강조하고 있습니다. 교사와 학생 모두에게 예절이 요구됩니다. 만약 예절에 어긋나는 일이 발생하면 주로 권면을 통하여 시정합니다. 하지만 원칙적으로는 서로가 기독교의 정신에 근거한 만남과 대화를 통하여 학생들의 생활을 지도하고 있습니다."

"그렇군요, 참 어렵겠습니다."

"아닙니다. 저희도 처음에는 어렵지 않을까 생각했었는데 실제로 해보니까 좋은 면이 더 많은 것 같습니다. 제가 알기로는 대부분의 학생들과 교사들이 만족하고 있습니다."

설명을 하는 오 선생님의 모습을 보면서 김 기자는 이 학교의 열린 대화를 느낄 수 있는 듯 했으며 깊은 인상을 받았다.

*   *   *

김 기자는 오 선생님을 따라 중앙 나선형의 통로를 통해 3층으로 올라갔다. 3층 북쪽에는 영화관 같아 보이는 둔이 있었다. 이 교실은 시청각실이었다. 시청각실은 100명 정도를 수용할 수 있는 계단식 강의실 모양의 소극장이 있다. 김 기자는 이 교실은 주로 어떤 때 사용하느냐고 물어보았다. 오 선생님은 아주 간단하고 쉽게 대답했다.

"한 학기에 한 번 정도 학년별로 모여서 함께 비디오를 보고 토론하는 학년별 영화비평 수업을 할 때 사용하고 있습니다."

"교실의 구조를 보니, 이 교실은 시청각 교육 뿐만 아니라 학생들의 공연 무대로도 쓰일 것 같습니다. 아니면 외부 강사의 초청강연을 들을 때도 좋을 것 같은데요.”

“김 기자님은 직업이 기자라서 그런지 참 눈썰미가 있네요. 바로 보셨습니다. 매주 학년별로 드리는 예배 시간에도 여기를 사용합니다. 전교생이 모이는 개학 예배, 방학 예배, 그리고 수난절 같은 특별한 절기 예배는 대강당에서 모이고 나머지 대부분의 예배는 이곳에서 드리고 있습니다.”

“그렇군요, 매주 열리는 학년별 예배는 교목이 인도하십니까? 아니면 외부에서 누가 오십니까?”

“저희 학교는 특별히 교목으로 목사님을 따로 모시지 않고 있습니다. 그래서 학년별 예배의 설교는 거의 담임교사들이 돌아가면서 하고 있습니다. 간혹 학교를 돕고 있는 외부의 목사님이나 학부모 중에서 설교를 하기도 하십니다.”

“교목이 안 계시면 누가 예배를 준비합니까?”

김 기자는 의아해하며 다시 물었다.

“전교생이 드리는 예배 준비는 전체 교사회의에서 합니다. 그리고 학년별 예배는 기본적으로 학생들이 맡아서 준비합니다. 당연히 어려운 경우는 교사들이 도와줍니다. 올해 2학년 학생들은 다양한 예배를 드리고 있습니다. 찬양 예배를 드리기도 하고, 시 낭송, 드라마 등 다양한 예배방식을 취하고 있습니다. 지난해에는 거의 교사들의 설교만으로 이루어졌는데 올해는 학생들도 다양하게 참여하고 있지요.”

오 선생님의 대답에 김 기자는 고개를 끄덕거리며 참 좋은 신앙교육을 하고 있다는 생각을 하고 발길을 뒤로 옮겼다.

*　　　*　　　*

다음에는 교사연구실이 있는 남쪽으로 이동하였다. 먼저 처음에 있는 국어연구실에 들어가 보았다. 중앙에는 회의를 할 수 있는 직사각형의 큰 테이블이 있었고 한 편으로 책상이 2개 있었다. 큰 테이블 위에는 비디오 카메라가 놓여 있었고 한 편에 설치되어 있는 텔레비전에는 학생들이 만든 듯한 영상이 나타나고 있었다. 그 옆으로는 컴퓨터와 프린터, 스캐너 같은 기계들이 설치된 테이블이 이어져 있었으며 맞은 편에는 책들이 가득한 책장이 있었다. 마침 선생님 3명이 회의를 하고 있었다.

"방해해서 죄송합니다."

김 기자의 말에 국어담당인 하 선생님이 반색을 했다.

"아닙니다. 기자님께서 취재를 오셨으니 오히려 저희가 영광입니다."

"수업 준비 하시는 모양입니다."

"예, 2학년 중 한 반이 '창작과 예술' 시간에 세익스피어의 『햄릿』을 패러디하고 있습니다. 지난 시간에 연습한 것을 촬영해서 음악 선생님, 미술 선생님과 함께 이 작품의 음악과 무대, 의상 등을 생각하고 있는 중입니다."

"대단한 수업이군요. 정말 재미있겠습니다."

"예, 정말 재미있습니다. 항상 느끼지만 아이들은 저희 생각 이상으로 많은 가능성과 재능을 가지고 있는 것 같습니다. 학생들의 모습에 늘 보는 저희도 놀란답니다."

그 옆에 있는 영어연구실은 국어연구실과 크기나 시설에서 거의 비슷하였다. 그러나 국어연구실보다는 훨씬 장식도 많고 아기자기하게 꾸며져 있었다. 영어연구실인데 그림들이 많이 쌓여 있는 것도 특이했다. 책상은 3개가 있었는데 그 중 한 책상에는 20대 후반으로 보이는 외국인이 앉아 있었다. 오 선생님이 김 기자를 안으로 안내하자 외국인은 자리에서 일어나 예의를 갖추었다. 오 선생님이 제임스 헌트라고 소개한 그 외국인은 개교하기 전부터 이 학교를 위하여 기도해 왔고 개교하자마자 달려왔다고 한다. 또한 오 선생님은 제임스 헌트가 미술대학 출신으로 자신이 직접 그린 성경의 사건들에 대한 그림을 이용한 수업이 학생들의 흥미를 많이 끌고 있다고 설명해 주었다.

다음에 있는 수학연구실은 앞의 두 연구실과는 사뭇 분위기가 달랐다. 우선 두 벽면에는 화이트 보드가 크게 설치 되어 있었다. 그 위에는 각종 수학식들이 가득 기록되어 있었고 아래에는 학생들이 푼 듯한 문제풀이가 기록되어 있었다. 수학 선생님인 김 선생님은 수업이 없는지 컴퓨터 앞에서 무엇인가를 하고 계셨다. 가볍게 인사를 하고 무엇을 하고 있는지 물어 보았다.

"수업에 쓸 자료를 인터넷에서 검색하고 있습니다. 다음 주에는 과학과의 통합수업이 있거든요! 통합수업은 여러 가지로 준비해야 할 것이 많습니다."

김 선생님의 말에 김 기자는 고개를 끄떡이며 연구실을 나왔다. 계속해서 이어지는 과학, 체육, 사회, 역사 등의 교사연구실도 각기 개성 있는 분위기였다. 교사연구실 다음에는 교육자토실과 상담실이 있었다.

*　　　*　　　*

상담실에는 아늑한 분위기를 주는 소파가 있었고, 앞쪽으로 작은 방들이 서너 개 보였다. 우리가 들어서는 것을 보자 상담 선생님은 우리를 반갑게 맞아 주면서 상담실로 안내해 주었다.

"저희 상담실은 전적으로 학교의 교육적 활동을 위한 프로그램을 운영하고 있습니다. 학생들을 위한 상담은 물론이고 학생들을 가르치는 교사들도 필요한 상담을 받을 수 있도록 외부의 전문가와 긴밀한 연계를 이루고 있습니다. 교사들이 건강해야 학생들을 건강하게 가르칠 것 아닙니까?"

 김 기자는 상담 선생님의 말을 듣고 대단하다는 생각을 했다.

 "그리고 저희 상담실에는 학생들을 위한 각종 자료가 비치되어 있습니다. 진로를 위한 자료부터 성 문제를 고민하는 학생들을 위한 실제적인 자료들이 많이 준비되어 있지요. 일차적인 예방상담은 한 달에 한 번 정도 담임 선생님들이 합니다. 그러한 상담의 내용과 결과는 개인상담기록카드에 누적 기록되어서 다른 사람들에게 필요한 자료로 제공됩니다. 또한 특수한 주제에 대하여는 외부 전문가를 모시고 한 학기에 한 번 정도의 집단 상담을 하고 있습니다."

 "상담은 아무래도 전문성이 필요해서 교사들만으로는 쉽지 않을 텐데요?"

 "그래서, 저희는 학부모회와 후원회의 도움을 받고 있습니다. 다행히 학부모들과 저희 학교를 후원하시는 분들 중에는 전문적인 상담 교육을 받은 분들이 있어서 그 분들이 자원봉사를 해 주시고 계십니다. 어떤 면에서는 교사인 저에게보다 더 좋은 상담이 이루어지는 것 같습니다."

*　　　*　　　*

 상담실의 건너편인 3층의 서쪽에는 30여 명이 들어갈 수 있는 회의실이 있었고 매일 아침마다 교사회의가 열린다고 하였다. 그 옆에는 교육연구소라는 팻말이 붙은 문이 있었다.

 "학교 안에 교육연구소가 있습니까?"

 김 기자는 의아해하며 질문을 하였다.

 "예, 한번 보시지요."

 오 선생님은 잠긴 문을 열고 안으로 안내했다. 그 안은 컴퓨터 여러 대와 프린터가 놓여 있는 책상이 있었고, 자료와 책이 가득한 서가가 두 개

벽으로 붙어 있었다. 서가 앞에는 길고 둥근 탁자에 여러 개의 의자가 잘 정돈되어 있었다.

"이곳은 우리 학교의 심장부입니다. 아니 두뇌라고 하는 것이 더 어울릴지도 모르겠습니다. 저희는 여기에서 기독교적 세계관에 입각한 교육을 구상하고 교육자료도 만들고 있습니다. 교사들을 재교육하고 교사들을 위한 세미나를 열기도 합니다."

"연구소라고 되어 있는데 연구원은 어디에 있습니까?"

김 기자의 질문에 오 선생님은 빙긋 웃었다.

"우리 학교 교사들 모두가 연구원입니다. 저도 역시 연구원이구요. 물론 우리 학교 교사만 연구원인 것은 아닙니다. 기독교 학교교육에 관심이 많은 여러 사람들이 여기에 소속하고 있습니다. 다른 학교의 교사도 있고, 대학원생에서 대학교수까지 많은 사람들이 연구소의 연구원으로 일하고 있습니다. 그리고 연구소를 도와 주는 연구조교가 한 명 있는데 오늘은 대학원에 갔다가 오후에 나오는 날입니다."

"연구소는 학교를 개교하고 나서 만들었나보죠?"

"아닙니다. 저희 교육연구소는 드림고등학교에서 쓸 교육내용을 개발하고 교사들을 훈련하려는 목적으로 학교 설립보다 3년 먼저 생겼습니다. 처음에는 서울 시내의 한 대학 연구실을 빌려서 사용하다가 학교가 개교된 이후 이곳으로 이전해 왔습니다. 대부분의 학교 설립 준비 작업도 거기에서 했습니다. 요즘은 각 과목별로 기독교적인 교과서 개발을 위한 연구와 각 교과목 사이의 통합교과 연구에 주력하고 있습니다."

"그렇다면, 교육연구소는 드림고등학교만을 위한 자체 연구소인 셈이군요."

김 기자의 말에 오 선생님은 정색하며 말을 이었다.

"아닙니다. 저희 학교의 교육연구소는 하나의 학교만을 위한 연구소는 아닙니다. 처음에도 하나의 학교만을 위해서 세우지는 않았습니다. 저희들이 연구소를 설립하게 된 동기는 우리 나라에서 기독교 학교를 하려는 모든 사람들을 도우려는 마음에서였습니다. 드림고등학교는 그 가운데 하나의 작업입니다. 그래서 저희 교육연구소의 연구원들도 드림고등학교에 국한되어 있지 않은 것입니다."

"그렇군요, 그 외에 교육연구소는 어떤 일들을 하는지요."

"이 곳에는 다른 나라의 기독교 학교에 대한 자료와 교과에 대한 자료가 많이 확보되어 있어서 필요한 사람들에게 정보를 제공하기도 합니다. 방학에는 전체 기독교사들을 위한 세미나를 개최하기도 합니다. 학기 중에보다는 오히려 방학 때에 더 바쁜 연구스입니다. 또한 저희 학교에 처음으로 발령 받은 교사들은 정식교사가 되기 전에 1년 동안 이곳에서 수습교사 교육을 받습니다. 그리고 앞으로 저희 학교 교사들 가운데 연구학기나 안식년을 맞는 교사들 중의 일부는 이 곳에서 전적으로 연구에 몰두하게 될 것입니다."

*　　　*　　　*

교육연구소 맞은 편에는 소회의실, 전산처리실이 있었다. 도서관은 3층의 동편 날개 전체를 차지하고 있었다. 도서관 입구 좌우에는 큰 화분이 세워져 있어서 도서관에 들어가는 느낌보다는 카페에 들어가는 느낌이었다. 들어가서 바로 보이는 맞은 편의 큰 창으로는 수목이 무성한 산이 아름답게 보였다. 도서관은 60평 정도의 크기에 개가식으로 책장들이 잘 정리되어 있었다. 각 책장마다 최근에 구입한 듯한 새 책들이 꽤 꽂혀 있었고 한 편에 있는 테이블 위에는 책 목록을 검색할 수 있는 컴퓨터가 3대 놓여 있었다. 그 옆에는 인터넷 검색을 할 수 있는 컴퓨터가 역시 5대

놓여 있었다. 도서실 안에는 두 사람이 있었는데 한 분은 사서 선생님인 듯 했고, 다른 한 분은 반가운 얼굴의 누리 어머니였다. 누리 어머니는 책장 사이를 열심히 움직이며 책들을 정리하고 있다가 이쪽을 보고 환하게 웃으며 손을 흔들었다. 김 기자도 가볍게 손을 흔들며 화답했다.

김 기자는 학부모들이 어떻게 자원봉사를 하는 지에 대해 오 선생님께 물어 보았다.

"저희 학교는 아마도 다른 어떤 학교보다 학부모들의 참여가 많을 것입니다. 식당 봉사부터 도서관 봉사까지 여러 부분에서 도와 주시죠. 하지만 학교에서 강제적으로 요구하는 사항은 아닙니다. 한 학기에 한 번 열리는 학부모 총회에서 학교의 상황에 맞추어 스스로 결정하시고 저희에게 연락을 주십니다. 작년에 개교했을 때는 워낙 일손이 많이 필요하여 학생들이 입학하기 전부터 학부모들이 학교에 와서 도와 주셨습니다. 열성적인 후원자들은 거의 매일 오셔서 일손을 제공하였습니다. 벽의 칠과 실내장식, 조경은 학부모와 후원회에서 직접 하신 것들입니다."

"어떤 대안학교의 경우는 일부 학부모들이 너무 자주 와서 제한하는 경우도 있다고 하던데요. 여기는 어떻습니까?"

"저희처럼 작은 학교 입장에서는 학부모들의 자발적인 참여가 실제적으로 큰 도움이 됩니다. 그리고 학부모의 적극적인 학교 참여는 저희 학교의 교육방침과도 일치하기 때문에 제한하거나 반대하지 않습니다. 올해는 학부모들이 자체적으로 한 달에 한 번 오전이나 오후에 오셔서 학교의 일을 도와 주기로 결정하셨습니다."

오 선생님의 설명을 들으면서 김 기자는 한 동안 시끄러웠던 학부모의 학교 참여 기사를 되새겨 보았다. 도서관 안에도 군데 군데 국화 화분이 놓여 있어 도서관의 분위기를 아늑하고 아름답게 만들었다.

*   *   *

　오 선생님은 김 기자를 4층으로 안내했다. 4층은 옥상을 이용한 시설인 것 같았다. 동편에는 파라솔과 테이블들이 놓여 있었다. 주변에는 크고 작은 화분 속에 이름 모를 꽃들이 심겨져 있었는데 학생들이 키우는 듯했다. 4층의 전망은 멀리 있는 산봉우리가 한 눈에 들어올 정도로 탁 트여져 있었고 마침 가을 바람이 시원하게 불어왔다. 이 학교 학생들은 자주 이 곳에 들른다고 한다. 머리도 식힐 겸 특별히 혼자 조용한 시간을 보낼 수 있는 공간으로는 적격이라는 생각이 들었다.

　북편과 서편에는 학생들만의 공간이 있었다. 이 곳에 올라오는 학생들이 제일 잘 볼 수 있는 곳에 커다란 게시판이 있었는데 거기에는 요란한 그림과 별의별 말들이 다 쓰여져 있었다. 한 눈에 보기에도 학생들이 자유롭게 게시하고 있는 것 같았다.

　"이 곳은 주로 학생들만이 드나들 수 있는 교실 같은데요…."

　"예, 이 곳은 학생회실과 각 동아리 방으로 쓰여지고 있습니다. 북편 끝에 학생회실이 있고 그 나머지는 모두 동아리 방으로 사용됩니다."

　가만히 살펴보니 문마다 붙어 있는 것이 모두 각 동아리를 소개하는 포스터와 그 밖의 여러 가지 행사 안내문들이었다. '워십 찬양반', '풍물반', '수화 찬양반', '신문제작반', '시각표현반', '연극반', '영화반', '마임반' 등, 저마다 자기들의 동아리를 소개하는 기발한 문구들로 장식되어 있었다.

　남쪽에는 아치형 지붕을 한 건물이 높게 자리하고 있었다. 문을 열고 들어선 김 기자는 이 곳이 바로 예배실로 사용되는 대강당이라는 것을 쉽게 알 수 있었다. 하지만 한 눈에 보기에도 보통 예배당과는 많이 달랐다. 물론 중앙에 십자가가 걸려 있고 양쪽 벽으로 작은 기도실 같은 곳이 있기는 하지만 전체적으로는 강당의 분위기를 더 띠고 있었다. 오 선생님은 이 곳에서 전체 학생들이 다 참여하는 예배나 행사가 열리지만 다른 시간에는 학생들이 동아리 활동을 할 수 있는 장소로 이용되기도 한다고 설명하였다.

김 기자는 왜 하필이면 예배실을 옥상에 만들었는지 궁금해서 오 선생님께 물어 보았다.

"하나님을 만나기 위해서는 아무래도 하늘이 가까워야 하지 않겠습니까?"

오 선생님은 농담 비슷하게 웃으며 말씀하였다. 그리고 다시 설명을 덧붙였다.

"다윗이 천막 성전을 지어 하나님께 제사를 드렸듯이 화려한 성전보다는 검소한 성전을 통해 신앙의 본질을 내면화하는 것이 중요하다고 생각합니다."

"그렇군요, 그런데 왜 동아리 방은 옥상에 둔 것입니까? 아래층에 설치하는 것이 학생들이 활동하기 편리하지 않습니까?"

"글쎄요, 아무래도 아래층보다는 옥상이 자유롭지 않겠습니까? 그리고 동아리 활동의 경우, 큰 소리가 나는 경우도 있는데 옥상에 있으면 주위의 피해를 최소화할 수도 있고요. 과학적으로 한 낮에는 소리가 위로 퍼져 나간다고 하던데요."

김 기자는 설명을 듣고 그럴 것도 같다고 생각했다.

*　　　*　　　*

김 기자는 오 선생님과 함께 건물 아래로 내려와 막 급식을 시작한 식당으로 들어갔다. 누리와 누리 어머니가 김 기자를 기다리고 있었다. 오 선생님은 김 기자를 누리 어머니와 함께 식사하도록 안내하고 점심시간

후에 다시 보자고 하며 다른 선생님이 있는 곳으로 갔다. 김 기자는 누리와 함께 점심을 먹었다. 그 동안 훌쩍 커버린 누리는 수줍어하면서 김 기자의 내민 손을 잡았다.

"누리야, 오랜만이다."

김 기자는 누리에게 반갑게 인사를 했다.

"예, 안녕하세요?"

쑥스러운 듯 손을 빼고 누리는 옆에 다가온 친구들을 어머니와 김 기자에게 소개하였다. 김 기자가 누리 어머니와 말하고 있는 동안 누리가 친구들과 함께 식사를 날라 왔다. 학교 탐방을 많이 다녔지만 학생들과 함께 식사를 하는 경우는 별로 없었다. 누리 친구들이 옆자리에 앉아 같이 먹어서 자연스럽게 학생들을 관찰할 수 있었다. 간소한 식단이지만 아주 맛있어 보였고 영양에도 신경을 쓴 듯 했다.

"음식이 참 맛있다. 누리야, 늘 이렇게 맛있는 거니? 아니면 기자가 취재 온다고 특별히 맛있게 한 거니?"

"저희 학교 음식은 늘 맛있어요. 아이들은 우리 학교 식당에서 기도표 조미료를 사용하기 때문에 맛있다고들 그래요."

"기도표 조미료?"

김 기자는 이해가 되지 않아 되물었다.

"예, 식당 아주머니들이 아침에 음식 준비하기 전에 재료 앞에서 기도하거든요. 그게 바로 기도표 조미료예요."

누리의 대답에 모두들 웃었다. 김 기자는 누리를 보며 내심 놀라움을 금치 못했다. 2년 전 보았을 때는 거의 말을 하지 않고 침울해 보이기까지 하던 누리가 저렇게 밝아지고 생기 있는 아이가 되었다니… 다른 학생들도 그런 변화가 있었을까? 학교가 그렇게 중요한 것일까? 김 기자의 생각은 꼬리에 꼬리를 물고 계속되었다.

*   *   *

점심식사를 마친 학생들은 식판을 반납하고 바로 옆으로 난 유리문을 통하여 운동장으로 나갔다. 타원형 모양의 운동장 둘레에는 감나무들이 일정한 거리로 둘려 있었으며 운동장의 북쪽으로는 농구장과 테니스장이 잘 꾸며져 있었다. 그리고 그 뒤로는 학생들이 실습한다는 텃밭이 보였다. 삼삼오오 자유롭게 거닐고 있는 학생들과 뛰어가는 학생들, 운동하는 학생들의 다양한 모습들이 활기차게 보였다.

운동장에서 김 기자는 휴식을 취하고 있는 학생들과 격의 없는 대화를 했다. 학생들은 이구동성으로 여러 면에서 학교가 좋다고 하였다. 특별히 중학교 때에 비하여 학교의 규모가 작아 너무 좋고 시설도 훌륭하며 무엇보다 교사와 학생들이 서로 신뢰할 수 있는 분위기여서 만족한다고 이야기했다. 점심시간이 끝나 누리가 교실로 돌아간 뒤에 김 기자는 누리 어머니와 함께 이모저모 궁금한 것을 더 이야기했다.

"참 좋은 학교입니다."

"그렇지?"

누리 어머니는 편안한 마음으로 대답을 하였다.

"누리가 참 밝아졌어요."

"그래, 이젠 상당히 적극적이고 자기 표현도 곧잘 하는 아이가 되었단다."

"누리를 위해서 이런 학교가 생겼나봐요."

"그럴지도 몰라, 간혹 '누리가 처음부터 이런 학교에 다녔다면 어떠했을까' 라는 생각이 들기도 해. 아마도 아주 다른 아이가 되었을지도 몰라. 진작에 이런 학교들이 많이 생겼더라면 얼마나 좋았겠어?"

누리 어머니는 예전의 어려웠던 시절이 떠오르는지 조용히 말했다.

"맞아요, 우리 나라에 누리 같은 아이들이 얼마나 많이 있겠어요. 이런 학교가 많이 생겨야 할 텐데."

두 사람은 산과 나무에 둘러싸인 운동장을 바라보면서 편안한 마음으로 이야기를 했다. 잠시 후에 누리 어머니가 오후에 강의가 있어서 근무하는 대학으로 가야 한다고 하자 김 기자는 좀더 취재하기 위해 오 선생님을 찾아 나섰다.

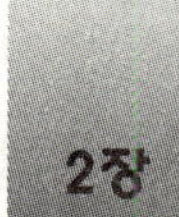

2장

누리의 학교 생활

≫ 누리의 수요일 시간표 ≪

묵상의 시간	
1교시	수학, 과학, 환경 통합수업
2교시	
3교시	생각과 실천
4교시	문화 읽기
점 심 시 간	
5교시	영 어
6교시	특별 활동

학교 가는 길의 누리 생각

오늘은 비가 온다. 누리는 비가 와서 잘 되었다고 생각한다. 왜냐 하면 오늘은 생각할 것이 많은 날이기 때문이다. 수업시간표가 그렇다. 생각을 잘 하려면 좀 차분해져야 하고 차분해지자면 비가 오는 날씨가 좋다. 오늘 든 과목 중에 '생각과 실천'을 가르치는 선생님은 과목의 제목에서도 알 수 있듯이 아이들이 생각 없이 말하고 행동하는 것을 질색으로 여기시는 경향이 있다. 아이들이 수업시간에 자기 생각을 이야기하면 왜 그렇게 생각하는지 꼭 그 이유를 물어 보신다. 생각 없이 말하는 것은 "조준하지 않고 총을 쏘는 것과 같다."라고 비유하시면서 바르게 생각할 수 있어야 바르게 말하고 행동할 수 있다고 강조하신다. 중학교 때까지는 생각과 말, 행동이라는 것이 어떤 관계인지 별로 생각해 본 일이 없었던 누리였지만 고등학교에 와서 생각하는 것이 중요한 것 같다고 느끼게 되었다. 바르게 생각하려고 노력하면 머리 속이 좀 분명해지고 아는 것도 많아지는 것 같다. 그러나 날씨가 너무 좋으면 생각하기가 힘들다. 나가서 놀고 싶어지니까.

오늘은 비가 와서 그런 걱정을 안해도 된다. 더구나 오늘은 누리가 좋아하는 '문화 읽기' 시간이 있다. '문화 읽기' 시간에 하는 것이 다 흥미 있는 것은 아니지만 요즘 공부하는 것은 재미있다. 만화에 대해서 하기 때문이다. 요새 배우는 주제는 미키마우스 만화이다. 누리는 만화가가 되고 싶기 때문에 사실 모든 학교 공부를 앞으로 만화가가 되기 위해 필요한 것들과 관련시켜 생각하는 경향이 있다.

누리는 서둘러 아침을 먹고 학교로 출발하였다. 엄마랑 얘기하면서 밥을 먹느라 평소보다 조금 늦었다. 오늘은 엄마가 매달 한 번씩 하는 학부모 자원봉사 때문에 학교에 오시는 날인데 후배인 김 기자 이모랑 함께 온다고 했다. 신난다. 그런데 성경 묵상 시간에 늦지 않으려면 서둘러야 한다. 미리 가서 준비하고 있지는 못하더라도 적어도 늦으면 안 된다. 누리네 반의 담임 선생님인 허 선생님은 공부시간보다 묵상시간을 더 중요하게 생각하신다. 아무리 공부를 잘 해도 하나님께 먼저 드려지지 않으면 아무 소용이 없다는 것이 늘 하시는 말씀이다. 아무리 보아도 허 선생님은 영어 선생님이라기보다 목사님 같으시다.

*   *   *

비가 오긴 하지만 가을비라 그런지 여름처럼 축축하지 않고 오히려 산뜻하고 좋다. 누리는 만화에서 가을비와 여름비, 봄비를 어떻게 구분해서 표현할 수 있을까 생각하면서 걸어가고 있다. 학교에 다 와 간다. 그런데 앗! 앞에 가는 여학생은 누리가 아는 학생이다. 지난번 '나와 이웃' 시간에 옆 반과 함께 집단상담을 했었는데 그 때 누리와 같은 집단이었던 옆 반 여학생이다. 그 시간에 비슷한 진로를 생각하는 아이들끼리 모여 이야기를 나누었는데 바로 저 여학생이 거기에 있었다. 이름이 뭐였더라? 누리는 애써서 생각해 보는 척한다. 관심이 없는 척해 보는 것이다. 사실 이름도, 앞으로 무엇을 하고 싶어하는 지도 다 알고 있지만 관심이 있다는 것을 들켜버릴까 봐 혼자 그래 보는 거다.

누리는 고등학생이지만 아직 이성에게는 별로 큰 관심을 보이지 않고 있었다. 그 동안 누리의 관심은 오로지 만화였기 때문이다. 누리는 많은 경험을 만화 속에서 했다. 그래서 스스로 경험이 많다는 착각과 인간들의 다양한 감정들을 다 이해한다는 착각을 하기도 한다.

가끔 누리 엄마는 이런 누리를 걱정하신다. 너무 상상의 세계 속에 산다는 것이다. 세상에 나가서 현실과 부딪히면 어떻게 극복해 나아갈까 걱정이라고, 세상은 만화에서 보는 것과 같지 않다고 걱정하신다. 반면 아빠는 누리를 전폭적으로 지지한다. 따라서 별 말씀을 않으시지만, 누리는 요즘 나름대로 자기 자신에 대해 생각하기 시작하였다. 즉 만화 속의 삶에서 현실의 삶으로 나와야 한다는 필요성을 느끼기 시작하였다.

'나와 이웃' 시간에 들은 이야기가 있어서이다. '나와 이웃' 시간에 선생님은 자기를 알아야 한다고 하셨다. 현실 속에서 자기를 바로 아는 것이 건강한 것이고 하나님 앞에서 자기 자신의 삶을 살아야지 만화나 영화의 주인공처럼 사는 것은 자신의 삶이 아니라고 하셨다. 그리고 그렇게 살아야만 정말 다른 사람을 이해할 수 있고 바로 섬기는 삶을 살 수 있다고 하셨다. 그런 이야기를 들으며 누리는 자신이 누구인가 하는 생각을 많이 하게 되었고 만화를 볼 때에도 그 속에 몰입해서 주인공이 된 것처럼 느끼고 상상하는 것은 되도록 하지 않으려고 노력한다.

더욱이 집단상담 때 바로 그 여학생이 말하기를 자기는 만화를 통해서 어린이들을 섬기고 싶다고 하였다. 누리는 만화를 좋아하고 즐기고 그래서 만화를 그리고 싶어하기는 했지만 만화를 통해서 누군가를 섬긴다는 생각은 해 보지 못했었다. 그런데 그 때를 계기로 만화에 대해 새로운 생각을 하게 되었다. 또 새로운 감정도 느끼게 되었다. 이성에 대한 관심이 조금 생기기 시작하였다. 누리는 정말 만화의 주인공이 되고 있는 느낌이다. 그렇지만 누리는 자신이 느끼는 것을 정확하게 알고 표현하고 싶다. 남의 감정을 흉내내지 않고 말이다. 지금 누리는 새로운 경험을 하고 있는 것이다.

무엇보다 중요한 시간

이런 저런 생각을 하다 보니 벌써 학교에 도착했다. 교실에 들어가자 벌써 담임 선생님과 몇몇 아이들이 성경책을 보고 앉아 있었다. 누리도 자기 자리에 앉아 성경책을 폈다. 오늘은 마태복음 5장이다. 누리가 이 학교에 와서 묵상시간에 익숙해지기까지는 시간이 제법 걸렸다. 중학교 때까지 누리는 자유롭게 신앙 생활을 해왔다고 할 수 있다.

누리 아빠인 목사님도 무엇을 억지로 시키는 분이 아니기 때문에 누리가 하는 대로 내버려 두었다. 그런데 그런 아빠가 고등학교를 결정할 때 이 학교를 권해 주셨다. 아빠는 고등학교는 인생의 방향을 잡는데 매우 중요한 시기라고 하셨다. 이 시기 동안에 누리가 세상을 보는 바른 안목을 키우고 그리스도인으로 이 세상 속에서 빛과 소금이 되기 위해서는 고등학교 시절부터 무엇을 하며 어떻게 살아가야 하는가를 배우고 훈련해야 한다고 하셨다. 아빠의 이 말을 들으면서 누리는 아빠가 겉으로 표현하지는 않지만 누리에 대해 큰 꿈을 갖고 계시다는 것을 알게 되었다.

즉 누리가 그저 자기의 신앙이나 지키고 살아가는 그런 사람이 아니라 세상에 대하여 '영향력 있는 기독교인' 이 되길 원하시는 것이라고 생각했다. 누리가 하나님 앞에서 한 단계 한 단계 성장하여 자신의 인생을 스스로 결정하고 나아가기를 바란다고 하신 아빠의 말씀에 누리는 감격했었다.

누리는 학교 소개의 날에 와서 학교 안내를 받을 때, 인자하게 웃는 얼굴의 선생님들과 친절하게 대해 준 선배들에게서 좋은 인상을 받았다. 중학교 때 친구들과 헤어져서 지역이 전혀 다른 학교로 진학하는 것이 쉬운 일은 아니었지만 '문화 읽기' 라든지 '나와 우리' 같은 새로운 과목들이 흥미 있을 것 같았고 또 배우고 싶어서 이 학교에 지원할 결심을 하였다. 사실 누리는 중학교까지 공립학교를 다녔기 때문에 기독교 학교라는 곳이 어떤 곳인지도 정확히 알지 못했다. 그런데 입학을 하고 보니 수업시간에 가르치는 내용이나 방법도 중학교 때와는 많이 달랐고 매일 아침마다 있는 성경 묵상시간도 특이했다. 처음에는 무엇을 묵상해야 할지 몰랐는데 요즘은 매일 읽는 말씀 중에 감동 받은 것에 대해 적어 보기도 하고 하루 할 일을 생각하기도 하고 뭔가 결심해 보기도 한다. 누리는 하루를 조용히 시작할 수 있어서 좋다고 생각한다. 성경 묵상시간이 끝날 때 담임 선생님은 하루를 위해서 함께 기도하자고 하신다. 누리는 아직도 통성기도는 익숙하지 않다. 하지만 통성기도가 끝나고 나면 항상 선생님께서 아이들을 위해서 마무리 기도를 해 주시는 게 좋다. 선생님의 기도는 모든 아이들이 좋아한다. 아이들의 필요를 아시고 구체적으로 기도해 주시기 때문에 선생님의 사랑과 하나님의 사랑을 느낄 수 있다. 선생님은 몇 가지 공지사항을 말씀하시고 하루를 잘 지내라고 하시고는 교사연구실로 가셨다.

재미를 알게 된 수학시간

누리는 시간표를 다시 확인하고 수업준비를 한다. 오늘 첫 시간은 2시간 짜리 수학 통합수업이다. 중학교 같으면 1시간도 지루하고 힘들 텐데 지금은 좀 바뀌었다. 수학이 중학교 시절처럼 어렵거나 힘들게 느껴지지 않기 때문이다.

중학교 시절의 수학 수업은 언제나 문제를 푸는 것이었다. 문제 푸는 것을 배우고 반복해서 문제를 풀어야 했다. 그런데 고등학교에서의 수업은 좀 다르다. 문제를 푸는 것보다는 문제의 배경과 단원의 내용에 대한 이해가 더 중요하다. 수학 선생님인 김 선생님은 항상 수학적 배경을 강조하신다. 수업시간의 많은 부분을 누가 수학적 내용을 발견했으며, 어떠한 관점에서 개발시켜 왔는지에 대해 말씀하신다. 계산을 하다가 실수를 해도 크게 혼나지 않는다. 따라서 누리처럼 계산을 잘 못하는 친구들은 수학 수업이 부담이 없어서 좋다. 고등학교에 들어와서 처음 맞는 수업시간에 선생님이 던진 질문이 아직도 생각이 난다. "우리가 살고 있는 우주에서 수와 공간이 없는 것을 찾아보세요." 수업이나 학습방법에 대한 소개가 아니라 수학에 대해서 마음껏 생각했던 시간, 그것이 고등학교에서 수학과의 첫 만남이었다. 그리고 아직도 계속되고 있는 누리 수학 수업의 색깔이다. 계산의 정확성보다는 개념을 생각하고 이해하는 시간, 이것이 누리의 수학 수업이다.

특히 가끔씩 하는 다른 과목과의 통합수업은 누리에게 큰 즐거움이다. 누리는 앉아서 문제를 풀고 계산하는 방식보다는 실제로 경험하고 적용하는데 관심이 크다. 지난달에는 함수의 도입에 대해서 새로운 경험을 했다. 함수는 중학교에서도 나오는 내용이라 별 관심이 없었다. 그런데 함수를 배우는 첫 시간은 전혀 의외였다. 함수를 배우는 첫 시간에 김 선생님은 우리들을 교실 밖으로 데리고 나가셨다. 그리고 자연과 인간 관계 속에 있는 함수를 찾아보라고 하셨다. 아이들은 모두 이해를 못해 우왕좌왕했다. 그러자 김 선생님은 다시 설명을 해 주셨다. "함수라는 것은 수학에서만 사용하는 개념이 아니란다. 이 세상에는 무수히 많은 질서와 관계가 존재하지. 바로 그러한 것들이 함수의 실체야. 그러니까 지금 너희들이 보고 있는 나무, 돌, 친구들 속에서도 함수가 존재하고 있다는 것이지. 가만히 귀를 기울여 봐라! 자연 속에 존재하는 함수들의 소리가 들리지 않니?" 모둠을 만들어 함께 함수를 찾아보라고 해서 우리는 모두 신이 나서 함수를 찾아보았다. '보물찾기' 가 아니라 '함수찾기' 이다. 누리의 모둠은 실패했지만 다른 모둠들은 제법 그럴듯한 함수를 몇 가지 찾아내었다. 이렇게 신나는 수학수업도 있다는 것에 누리는 하루 종일 신이 났었다.

오늘은 누리의 이런 취향에 잘 맞는 단원이다. 이번 통합수업은 수학과 과학, 그리고 환경이 하나의 수업으로 진행되고 있다. 이번 수업은 일 주일 간의 프로젝트 수업으로 한 주 동안 수학, 과학, 환경시간을 가지고 한 주제로 통합적인 수업을 하고 있다. 처음에는 수학 선생님과 과학 선생님, 그리고 환경 선생님이 같이 들어오셔서 일 주일 간의 과정을 소개해 주셨다. 주제는 학교에서 먹은 우유팩을 씻고 난 후의 물을 정화하는 정수기를 만드는 것이었다. 처음에는 너무 큰 주제라 황당했지만 환경 선생님의 전반적인 설명으로 과제를 이해하게 되었으며, 과학 선생님의 설명으로는 어떻게 만들 수 있는지가 이해되었다. 마지막으로 수학 선생님은 순서도라는 수학적인 논리로 정수기를 만들 때, 모든 작업을 순서도로 작성하면 얼마나 편리한 지를 설명해 주셨다. 오늘은 일 주일 간의 통합수업을 마무리하며 모둠 별로 만든 정수기를 시범 가동하는 날이다. 정말 신나는 날이다. 자신의 손으로 환경을 보호하는 기계를 만들다니! 김 선생님을 비롯해서 과학, 환경 선생님이 들어오신다.

생각 또 생각

1, 2교시의 통합수업은 흥미진진했다. 3교시는 심각한 시간이다. 누리가 제일 긴장하는 '생각과 실천' 시간이 되었다. 이 과목을 가르치는 임

선생님은 우리 학교에서 가장 엄격하고 빈틈이 없기 때문에 아이들은 장난을 치거나 졸 생각은 하지도 못한다. 어찌나 깐깐한지 과제도 엄청나고 발표도 해야 하며 어떤 때는 토론까지 하고 논문 형식의 글도 써야 한다. 그리고 간혹 수업시간에 여러 선생님들이 함께 들어오시기 때문에 상당히 부담이 될 때도 있다. 그래도 다양한 선생님들을 동시에 만난다는 것은 흥미로운 일이다.

지난 시간에는 '생명 존중과 윤리' 라는 단원을 시작했다. 임 선생님께서는 과학 선생님과 함께 들어오셔서 공동으로 수업을 하셨다. 임 선생님께서는 '생명이란 무엇인가? 에 대한 철학적 접근을 하셨고 과학 선생님께서는 멀티미디어를 사용하면서 '생명의 탄생과 기원 그리고 신비' 에 대해서 과학적으로 설명해 주셨다. 그리고 나서 선생님께서는 우리가 실제 생활에서 경험하게 되는 여러 가지 예들을 제시하여 주셨다. '자살의 정당성 문제', '임신 중절 수술을 어떻게 볼 것인가? , '안락사', '뇌사를 인정할 것인가? , '생체 실험' 등이 주된 내용이었다.

수업이 끝나갈 때 선생님께서는 지난 번 텔레비전에서 방영된 안락사 다큐멘터리를 VTR을 통해서 보여 주시고 인터넷에서 찾은 자료로 보이는 미국 법정의 안락사 판례문을 나누어 주면서 자신의 생각을 정리해 오라는 과제를 주셨다. 오늘은 지난 시간의 과제에 대해서 토론식 수업을 하는 날이다.

누리와 반 친구들은 선생님이 들어오시기 전에 서로 마주 보면서 토론을 할 수 있게 자리를 다시 배치하였다. 중학교 때에도 가끔씩 토론식 수업을 하긴 했지만 그 때는 학생 수가 너무 많아서 수업을 하는 것인지 노는 것인지 모를 정도였는데 고등학교에 올라와서는 한 반의 학생 수가 25명이라 제대로 된 토론식 수업을 할 수 있게 된 것이다. 선생님께서는 들어오자마자 수업을 위해서 기도를 하시고 곧바로 토론 주제를 화이트 보드에 쓰셨다. 먼저 안락사 제도를 찬성하는 학생들과 반대하는 학생들로 양분하시고 각각 한 사람으로 하여금 자신의 입장을 발표하도록 하셨다. 선생님은 별다른 말씀을 하지 않으시고 논쟁을 조정하는 역할만 하신다.

*   *   *

선생님은 먼저 학생들에게 "인간에게는 과연 죽을 권리가 있는 것일까?" 하는 질문을 던졌다. 대체로 거의 대부분의 학생들은 기독교적인 문화 속에서 자란 탓인지 모두가 생명은 하나님께 속한 것이기 때문에 어떠한 경우에라도 존중되어야 하며 자기 마음대로 죽을 권리는 없다고 말했다. 그런데 갑자기 안락사 제도를 인정해야만 한다고 주장하는 하늘이가 "인간이 죽어서 많은 열매를 맺을 수 있는 상황이라면 다른 사람에게 자신을 죽여 달라고 요청할 수 있지 않겠는가? 자신이 정신적·육체적 고통으로 인하여 도저히 견딜 수 없고 또 가족이나 주위의 사람들에게 고통을 너무 많이 주기 때문에 일찍 죽겠다는 것이 왜 정당화되지 않는가?"라고 의문을 제기하고 나섰다. 하늘이의 이 말에 의해서 수업 분위기는 삽시간에 술렁이기 시작했다. 아이들이 저마다 여기에 대하여 할 말이 많은 듯 토론은 과열되었다.

누리는 논쟁하는 것을 별로 좋아하지 않지만 상황이 그렇다 보니 남의 말만 가만히 듣고 있을 수는 없었다. 별의별 이야기가 다 쏟아져 나왔다. 그러나 의견이 분분한 가운데도 인간의 생명은 하나님께서 영광과 찬양을 받으시기 위하여 인간에게 주신 가장 고귀한 선물이라는 사실은 모두가 인정하고 어떠한 반대도 하지 않았다. 그러나 '생명 존중에 대한 딜레마를 어떻게 해결할 것인가', 그리고 '그런 상황에는 어떤 것들이 있는

가?', '우리 기독교인들은 안락사와 같은 상황에서 어떠한 태도를 취할 것인가?' 하는 등의 문제는 의견 충돌이 생겼다.

시간이 흐를수록 교실은 논쟁의 열기로 가득했지만 쉽사리 결론이 나지는 않았다. 난상토론으로 이어진 수업이 마칠 시간이 다 되어가서야 선생님께서는 '생명 존중과 윤리'에 관한 유인물을 나눠 주면서 이제까지 나왔던 토론의 내용을 정리해 주셨다.

유인물의 첫머리에는 "호흡이 있는 자마다 여호와를 찬양할지어다"(시편 150:6) 라는 성구가 적혀 있었다. 유인물에 실린 내용들은 주로 교과서 내용을 요약 정리한 것인데 특별히 눈에 띄는 것은 마지막에 '실천하기' 난에 적혀 있는 여러 가지 과제였다. 누리의 마음을 끈 과제는 '지구상에 죽어 가고 있는 어린 생명 돕기' 라는 과제였다. 누리는 지난 특별활동 시간에 본 기아 체험 비디오를 잊지 못하고 있었다. 이번 기회에 르완다에서 죽어 가고 있는 어린 소녀와 자매 결연을 맺을까 생각하던 중이었는데 마침 잘 되었다고 생각했다.

다음 시간 주제는 성 윤리이다. 과제는 우리 학교 학생들을 대상으로 청소년들의 성의식을 조사하는 것이다. 이 과제를 맡은 아이들은 오늘 수업에서 주도적인 역할을 한 온유와 하늘이를 포함하여 모두 5명이다. 우리들은 한 팀을 이루어 직접 설문을 만든 다음 실제로 조사해서 통계를 처리하고 그 결과를 학생들에게 발표해야 한다. 다음 주까지라 시간도 충분해서 부담이 되지 않을 것 같다. 재미있고 색다른 과제를 잘 내기로 소문난 '생각과 실천' 선생님의 수업은 항상 누리를 긴장하게 만든다. 그러나 항상 새로운 것들을 접할 수 있다는 기대감이 있어서 좋다.

선생님이 교실 문을 나가시자 온유는 누리에게 이런 질문을 던졌다.

"네가 만약 의사라면 하루 빨리 고통이 없는 하늘 나라에 갈 수 있도록 애원하는 환자를 위해서 안락사를 하겠니?" 비록 수업은 끝났지만 생명과 관련된 윤리적 딜레마는 어쩔 수 없이 누리로 하여금 생각하게 했다. 화장실도 가지 않고 또 저쪽 옆에 있는 태은이에게도 똑 같은 질문을 하고 있는 온유에게는 '생각과 실천' 시간이 아직 끝나지 않은 것이다.

만화가의 고민

드디어 누리가 가장 좋아하는 수업인 '문화 읽기' 시간이다. 더욱이 요즘 미키마우스 만화가 수업의 주제이기 때문에 누리의 기다림이 더했다. 화장실에 들러 매체 수업실로 가보니 벌써 구 선생님께서 와 계신다. 비디오를 설치하고 계시는 것으로 보아서 만화영화를 보게 될 것 같다. 지난 시간에는 미키마우스 제작 과정을 통해 애니메이션의 원리를 배웠는데, 오늘은 뭘까? 구 선생님이 선생님들 중에서 가장 멋쟁이라고 누리는 생각한다. 역시 문화적 감각이 있으시니까. 선생님께서는 자리를 정돈하고 앉으라고 말한 후 비디오를 켜셨는데 이게 웬일인가? 기대했던 만화영화가 나오는 것이 아니라 옛날 다큐멘터리 영화 같은 것이 나온다. 아이들이 의아해하자 선생님께서는 어떤 특징이 있는지 유의해서 잘 봐두라고 하신다. 아이들은 약간 웅성거리다가 나레이터의 말 중에 중요하다고 생각하는 것을 적어가면서 보기 시작했다. 약 20분 정도를 보니 끝났다. 선생님께서는 방금 본 시대적 상황에 대해 이야기해 보라고 하셨다. 몇몇 아이들이 발표를 하였다. 선생님께서는 잘 파악했다고 칭찬을 하시면서 우리가 본 이 역사 다큐멘터리가 바로 미키마우스가 탄생하던 미국의 상황에 대한 것이라고 하셨다.

그리고 다시 필름을 하나 보여 주시는데 미키마우스였다. 요즘 보는 미키마우스가 아니라 좀 못생긴 까만 쥐다. 짧은 만화 2~3편을 보여 주시더니 "이제 시간이 다 되어서 오늘은 그만." 하신다. 누리가 속으로 '이게 뭐야.' 하는데 선생님께서는 다음 시간까지 생각해야 할 과제를 주신다. 미키마우스 만화에서 앞서 본 시대상황이 어떻게 나타나는지 생각해 보라는 것이다. 그 못생긴 까만 쥐를 잘 봐둘 것을…. 다행히 다음 시간에 다시 그 필름을 보면서 분석할 것이라고 하신다.

누리는 '문화 읽기' 시간을 좋아하지만 때로 너무 할 것이 많다고 생각한다. 역사, 예술, 기독교 세계관 등등 많은 것을 알아야 한다. 구 선생님은 문화를 바로 읽으려면 다각적인 안목이 갖추어져야 한다고 하셨다. 누리처럼 만화에 관심이 있는 아이들에게는 이런 말씀도 한 번 하셨다. "너희가 만화를 그리길 원한다면 먼저 만화가 어떻게 그려지는지, 시대와 세상과 사람에 대해 무엇을 말하고 있는지 보아야 한다. 그리고 그것이 사람들을 섬기는데 정말 좋은 것인지, 기독교적인지 분별해라. 이런 연습을 해야 좋은 만화를 그릴 수 있다. 그러니 좋은 만화를 그리기 원하는 사람은 그림만 잘 그리려고 노력하는 것이 아니라 생각도 깊이 하고 아는 것도 많아야 한다. 그러나 그보다 더 중요한 것은 하나님을 올바로 믿는 신앙과 인격의 성숙이 있어야 한다."라고. 아! 만화가의 길은 멀고도 험하구나.

몸도 자라고, 마음도 자라고

신나는 점심시간이다. 우리 학교는 쉬는 시간에 도시락을 먹어 버릴 수가 없다. 식당에서 급식을 먹어야 하니까. 교장 선생님께서는 식사를 함께 하면서 교제를 나누는 것이 매우 중요한 교육이라고 말씀하셨다. 예수님께서도 여러 종류의 사람들과 식사를 같이 하시는 것을 성경에서 자주 볼 수 있다. 함께 음식을 먹는 것은 한 가족이라는 것을 의미한다고 한다. 처음에 그 말씀을 들었을 때 아이들은 농담인줄 알고 모두 웃었다. 그런데 한 학기가 지나자 누리도 그 말씀이 무슨 뜻인지 조금 이해가 되는 것 같다. 어쨌거나 아이들과 어울려 맛있는 점심을 먹는 것은 정말 즐겁다.

배가 많이 고플 때는 중간에 간식을 사먹기도 한다. 매점에 가면 맛있는 것이 많기 때문에 누리도 용돈이 허락되는 한에서 자주 사 먹는 편이다. 빵을 먹으면 급식이 맛이 없기 때문에 요즘은 과자를 사온다. 과자봉지를 가운데 놓고 친구들과 나누어 먹는 재미를 알게 되었다. 중학교 때까지는 과자를 사면 친구들에게 다 빼앗기고 몇 개 못 먹기 때문에 빵을 사서 교실에 가기 전에 다 먹으려고 급하게 먹곤 했다. 화장실에 숨어서 먹고 오는 아이들도 있었다. 그런데 드림 학교 아이들은 모두 이상하게도 과자를 사서 나누어 먹는다. 아마도 학교의 분위기 때문인 것 같다. 누리도 이제는 빵보다 과자를 사와서 옆의 친구들과 나누어 먹는다. 맛도 있고 조금 먹으니까 살찔까 걱정도 되지 않고 얼마나 좋은지 모른다. 나누어 먹고 함께 먹는 즐거움은 누리가 발견한 또 하나의 학교의 의미이다.

오늘은 엄마가 학교에 자원 봉사하러 오는 날이다. 엄마 후배인 김 기자 이모가 학교를 취재하러 올 거라고 했다. 엄마는 늘 바쁘기 때문에 자원 봉사하러 와도 다른 엄마들과 달리 대부분 점심을 학교에서 먹지 않고 그냥 갔다. 그런데 오늘은 김 기자 이모 때문에 누리랑 함께 점심을 먹게 될 것이라고 아침에 말씀하셨다. 누리는 다른 때보다 더 빠르게 뛰어 얼른 식당으로 내려갔다.

Oh! English…

5교시는 영어시간이다. 키가 큰 제임스 선생님께서 여러 장의 그림을 들고 들어오셨다. 대학에서 미술을 전공하셔서 그림에 대한 재능과 관심이 많으시다. 학창시절에 그리셨다는 작품들을 가져오셔서 쉬운 영어로 하나하나 설명을 해 주신다. 워낙 믿음이 좋으신 분이라서 그림들이 전부 신앙적인 내용과 상징을 담고 있다 일러스트레이션의 특징이긴 하지만 상징적으로 표현된 작품들을 통하여 다시 한 번 선생님의 깊은 신앙을 엿볼 수 있는 좋은 시간이다.

영어시간 중에서도 영어표현 시간은 특별히 원어민(native speaker)인 제임스 선생님이 직접 지도하기 때문에 학생들이 흥미있어 하고 관심이 많다. 선생님의 캐주얼한 복장과 자연스러운 행동과 솔직한 표현 등이 학생들이 격의 없이 다가갈 수 있는 이유가 되는 모양이다. 처음에는 미국인에 대한 기대와 부담이 함께 작용하여 팽팽한 긴장감이 있었지만 몇 달 지나는 동안에 이제는 영어표현 시간이 기다려지고 폭소가 터지는 시간이 되었다. 처음에는 쉬운 영어도 못 알아 듣고 영어로 자신의 의사를 표현한다는 것은 불가능하다고 좌절감을 느꼈던 누리도 이제는 제법 알아 듣고 간단한 의사소통은 가능하게 되었다. 누리에게는 이것이 정말 신나는 일 중의 하나이다. 집에서 영어 교육방송을 시청하기도 하고 여러 가지 표현들을 수첩에 적어 외우기도 한다.

그림 설명이 끝난 후에 오늘은 조별로 토론시간이 이어졌다. 5명씩 모둠을 만들자 선생님께서는 각각 한 가지씩 다른 토론 주제를 주셨다. 토론 주제가 적힌 카드를 모둠별로 나누어 주시면서 몇 가지 주의사항을 말씀하셨다.

첫째, 어떠한 일이 있어도 절대로 한국어를 사용하지 말 것.

둘째, 상대방을 비웃거나 공격하지 말고 자신의 생각만 쉬운 영어로 표현할 것.

셋째, 오늘의 taboo word는 'good' 이라는 단어이다.

영어표현 시간에는 영어만 사용하도록 되어 있는데 우리말로 소곤소곤하다가 선생님 귀에 들리면 그 학생은 벌칙을 받게 된다. 또한 그 날의 taboo word가 있어서 무심코 대화 중에 그 단어를 사용하게 되면 역시 벌칙을 받는다. 벌칙을 한 번 받을 때마다 100원씩 벌금을 내는데 금액은 작지만 폭소가 터져서 당사자는 몹시 창피스러워 한다.

누리가 속한 모둠에는 "자녀들은 무조건 부모님께 복종해야 한다." (Children should obey their parents without question)는 토론 주제가 주어졌다. 성격이 급한 태은이가 처음부터 흥분했다. 부모에게 언제나 복종해야만 한다는 것은 말도 안 된다고 처음부터 언성을 높인다. 그러자 온유가 조심스럽게 하나님께서 부모님을 존경하라고 했다고 말했다. 누리도 더듬거리면서 말을 이었다. 부모님들은 우리를 사랑하기 때문에 부모님의 말에 우리는 복종해야 한다고 하자 태은이가 머리를 저었다. 태은이는 흥분하여 부모들 중에는 부모 같지 않은 부모들도 있다는 말을 엉터리로 표현했다. 미국에서 살다온 유진이가 태은이의 문장을 고쳐 주었고 누리는 부모의 권위를 받아들여야 한다며 어제 외운 authority라는 단어를 사용하여 한 마디 더 했다. 부족한 어휘력을 가지고 자기들의 생각을 표현하느라고 끙끙대는 모습과 여기저기서 자기들의 주장을 관철시키느라 목청을 높이는 가운데 영어로는 아무래도 답답했는지 우리말로 소곤거리는 소리가 들리기도 한다.

30여 분 간에 걸친 토론시간이 거의 다 끝나갈 때 벌칙을 받은 아이들이 동전을 꺼내 제임스 선생님이 돌린 사랑의 빵에 집어넣었다. 돈이 없는 아이는 못 내는 경우도 있지만 대부분은 즐거운 마음으로 넣는다. 누리도 지난 학기에 2000원 이상 벌금을 냈지만 학기말에 모인 돈을 북한동포 돕기 헌금으로 보냈기 때문에 벌금을 냈다는 사실이 자랑스럽기까지 했다.

영어표현 시간은 끝나는 것이 늘 아쉽다. 우리말을 사용하지 못하기 때문에 답답할 때도 있지만 수업내용이 아주 다양하고 학생들이 능동적으로 직접 참여할 수 있어서 늘 재미있다. 다음 시간에는 가치관의 문제를 다루는 "Guilty or Not Guilty" 게임을 하기로 하였다. 누리는 다음 주에는 무슨 단어가 필요할 것인지 생각해 본다.

동아리 활동, 그리고 집으로

영어시간이 끝나면 사실상 수업은 끝난 것이다. 이제 각 부별로 특별활동을 하고 알아서 집에 가면 된다. 누리의 특별활동부는 문예부 가운데 '시각표현반' 이다. 각종 시각표현의 방법을 배우고 실현해 보는 것이 주된 활동이다. 올해에는 벽화 그리기를 하고 있다. 1학기에는 벽화를 그리는 방법, 디자인, 계획 등을 하였고 2학기에는 실제로 학교 담벼락 한편에 벽화를 그리고 있다. 이 특별활동반은 매년 주제를 바꾸어서 여러 가지 시각표현 방법을 배우고 실현한다고 한다. 작년에는 캠코더 작업을 했다는데… 내년에는 누리가 2학년이니까 주제를 정하는데 영향을 미칠 수 있다.

누리가 고등학교에 와서 좋은 이유 중에 하나는 특별활동반에 폭력이 없다는 것이다. 중학교 때에는 훈련한다는 명목으로 선배들이 자주 때렸었다. 그것이 싫어서 특별활동을 피하고 싶었을 정도였다. 그런데 지금은 그런 것이 전혀 없다. 선배들이 가끔 야단을 치지만 거의 말로 한다. 또 함부로 말하지도 않는다. 서로 배려하고 존중하고 섬겨야 한다는 것이 우리 학교의 모든 특별활동의 가장 중요한 지침이다. 오늘은 작업복을 입고 벽화의 한 귀퉁이를 그려야 한다. 여기서 그리기가 끝나면 벽화를 필요로 하는 사람들을 찾아가 벽화를 그려 줄 것이다. 항상 변화가 있고 활동적이어서 누리는 이 특별활동반을 좋아한다. 선배, 친구들과 어울려 벽화 그리기를 마치고 누리는 교실로 돌아왔다. 그리고 집에 갈 준비를 하였다. 중학교 때에는 반드시 종례가 있었는데 지금은 아주 특별한 일이 없는 한 종례를 하지 않는다. 특별활동까지 끝냈으니 집에 가는 일만 남은 것이다. 집에 갈 준비를 하는데 잠시 담임 선생님이 교실에 들르셨다. 누리가 인사를 하자 선생님은 누리에게 요즘 어떻게 지내느냐고 물으셨다.

선생님, 우리 선생님

누리의 담임 선생님이신 허 선생님은 별로 말이 없으시고 조용한 편이시다. 하지만 정말 자상하고 세심하시다. 누리는 학교에 입학한 지 얼마 지나지 않아 심각한 고민에 빠졌었다. 고민이라기보다는 신앙적인 의문이었다. 누리는 중학교 때까지는 별다른 신앙적인 갈등이나 의심 없이 그저 평범한 신앙생활을 해왔다. 학교에서는 공부하고 교회에서는 신앙생활하고… 선생님들 가운데는 신앙이 있는 선생님도 있었지만 수업 중에 신앙과 관련된 수업을 해 본 기억은 거의 없었다. 하지만 이 학교에 진학하고부터 상황이 변하였다. 선생님들은 모두 기독교 신앙으로 철저하게 무장된 분들이었고 모든 수업 시간이 기독교적인 지식과 배경을 바탕으로 진행되었다.

누리의 부모님들은 바로 그 이유 때문에 누리를 이 학교에 보내고 싶어 했고 통학하기에 먼 거리이기 때문에 분당 집을 세놓고 전세로 이사까지 하신 것이다. 너무 극성이 아니냐는 할머니의 말씀에 옛날 맹자의 어머니는 자녀의 교육을 위하여 세 번이나 이사를 했다는데 누리를 위하여 한 번 정도 이사도 못하겠느냐고 아버지가 반은 농담조로, 반은 진지하게 말씀하며 할머니를 설득하셨다. 부모님들은 누리보다 더 학교에 만족하시고 매일 저녁 학교에서 배운 것과 있었던 일을 듣기를 원하셨다. 누리도 부모님의 열성에 함께 신이 나서 학교에서 있었던 일을 소상하게 얘기하곤 했다.

그런데 입학한 지 한 달쯤 지났을 때였다. 허 선생님의 영어 수업시간에 있었던 일이었다. 그날 허 선생님은 'Destine' 이라는 단어를 설명하시면서 우리의 구원은 창세전부터 이미 예정되어 있었다는 말씀을 하셨다. 또한 그 계획에 의해서 오늘 우리가 이 자리에서 만나고 있다고 말씀하신 것이다. 선생님은 단어를 설명하시면서 지나가는 말씀으로 하신 것이지만 누리에게는 큰 의혹이 생겼다. 우리의 구원과 우리의 만남, 이 모든 것이 이미 하나님의 계획안에 있는 예정된 사건이었다고? 그렇다면 우리가 인간적으로 애쓰고 노력해도 아무 소용이 없다는 말인가? 공부도, 전도도, 대학 진학도 모두 예정된 것일까? 하나님은 우리를 로봇처럼 조정하고 계시는 것일까? 누리는 큰 혼란에 빠졌다.

*　　　*　　　*

이러한 혼란이 며칠 계속되었다. 목사인 아버지께 여쭈어 보아도 되지만 누리는 매 달 한 차례 돌아오는 담임 선생님과의 면담시간을 이용하기로 하였다. 입학한 지 얼마 되지 않아 가졌던 첫 면담시간에 누리는 담임 선생님의 묻는 말에만 대답을 하고 선생님이 질문 있으면 하라고 하셨을 때, 질문할 거리가 없어서 조금 고민이었다. 그래서 다음 면담에는 이 문제를 물어 보기로 결심하였다. 누리로서는 그 날의 면담이 잊지 못할 추억이 되었다.

허 선생님은 학생들이 찾아가면 늘 인자한 미소로 맞아 주신다. 그리고 늘 냉장고에서 마실 것을 꺼내 주신다. 허 선생님의 냉장고에는 먹을 것이 항상 들어 있다. 그래서 아이들은 담임 선생님이 간식을 좋아하신다고 생각하였다. 그러나 얼마 지나지 않아 선생님께서 그 간식을 좋아하시는 것이 아니라 학생들을 위하여 준비해 놓고 계신다는 것을 알게 되었다. 누리는 그 날의 맛있었던 과자보다도 선생님과 진지한 대화를 하면서 자신의 의문이 풀릴 때 느꼈던 기쁨이 더욱 달콤하다고 기억한다. 허 선생님의 인간적인 면모도 알게 되어 그 때까지 선생님께 가졌던 거리감을 잊어버리게 되었다. 허 선생님은 대학 때 예수님을 영접하고 신앙을 가졌다고 했다.

그래서 젊은 날 인생과 삶과 죽음의 문제에 대하여 많은 고민을 하셨다는 이야기부터 그 풀리지 않던 의문과 허무를 극복하기 위해 방황했던 이야기까지 듣다 보니 예정되었던 20분이 1시간이 넘었고 누리는 그날 이후 담임 선생님과 매우 가까운 친구가 된 듯한 기분이 들었다. 영어 공부를 더욱 열심히 하게 되었을 뿐 아니라 담임 선생님이 하시는 말씀에 언제나 귀를 기울이게 되었다는 것도 큰 변화였다.

누리는 오늘도 정말 행복한 하루였다고 생각하면서 친구들과 함께 학교를 나섰다. 누리에게 학교는 이제 재미있는 곳이며 왜 가야 하는지 알면서 가는 곳이 되었다.

드림고등학교교육과정표(보통과목)-통합교육 특성화

구분	교과목	학 과 별 단 위								총계	비고
		1		2		3		계			
		1	2	1	2	1	2	1	2		
보통필수	국어	3	3	3	3	3	3	9	9	18	
	영어	3	3	3	3	3	3	9	9	18	
	수학	3	3	3	3	3	3	9	9	18	
	과학	2	2	2	2	2	2	6	6	12	
	사회	2	2	2	2	2	2	6	6	12	
	체육	1	1	1	1	1	1	3	3	6	
보통필수 단위수		14	14	14	14	14	14	42	42	84	
보통선택	정보와 computer	2	2	2	2	2	2	6	6	12	
	영어회화	1	1	1	1	1	1	3	3	6	
	제2 외국어	2	2	2	2	2	2	6	6	12	
	가정과 보건위생	1	1	1	1	1	1	3	3	6	
보통선택 단위수		6	6	6	6	6	6	18	18	36	
보통과목 총계		20	20	20	20	20	20	60	60	120	

드림고등학교교육과정표(전문과목)-통합교육 특성화학교

구분	교과목	학 과 별 단 위								총계	비고
		1		2		3		계			
		1	2	1	2	1	2	1	2		
전 문 과 목	과학과 환경			2	2	2	2	4	4	8	
	과학의 이해	1	1			1	1	2	2	4	
	과학 실습	1	1	1	1	1	1	3	3	6	
	느낌과 표현	2	2	2	2	2	2	6	6	12	
	창작과 예술			2	2			2	2	4	
	나와 우리	1	1					1	1	2	
	생각과 실천	1	1			1	1	2	2	4	
	수학과 철학					2	2	2	2	4	
	문학과 인생	2	2	2	2			4	4	8	
	논술	1	1	1	1	1	1	3	3	6	
	생활 기술·목공	2	2					2	2	4	
	기독교 세계관	1	1					1	1	2	
	인간과 역사			2	2	2	2	4	4	8	
전 문 총 계		12	12	12	12	12	12	36	36	72	
보 통 + 전 문		32	32	32	32	32	32	96	96	192	
특 별 활 동		2	2	2	2	2	2	6	6	12	
이수단위 총계		34	34	34	34	34	34	102	102	204	

〈문학과 인생〉

목표 : 문학 작품을 통해 인간과 사회를 이해하고 표현하는 다양한 방식
들을 접할 수 있게 하고 표현의 특성들과 그 시대적 문화적 배경
과 관련하여 이해하고 감상하도록 한다. 또한 기독교 세계관에 비
추어 각각의 문학적 표현 방식과 내용들을 분석할 수 있도록 한
다.

내용 : 1) 문학 감상을 위한 문학 이론 학습
2) 다양한 시대와 나라의 문학작품 읽기

〈논술〉

목표 : 자신의 생각을 논리적으로 표현하고 전달하는 능력을 갖추도록
한다. 하나님께서 우리에게 주신 언어적 표현 능력을 계발할 수
있도록 어휘력과 문장력을 키워 준다. 또한 언어적 표현의 기초가
되는 체계적인 사고를 훈련할 수 있도록 한다.

내용 : 1) 글쓰기의 기본적 방법을 배운다.
2) 논술 연습을 통해 자신의 생각을 설득력 있게 표현하게 한다.

〈문화 읽기〉

목표 : 현대의 다양한 문화가 갖는 의미와 기능들에 대해 이해할 수 있도
록 한다. 또한 각 문화 및 매체의 특성들에 대한 기초적인 지식을
갖도록 한다. 기독교 세계관에 의하서 문화를 선별하고 활용할 수
있는 안목을 키워 주는 것을 궁극적인 목적으로 한다.

내용 : 1) 잡지, 만화, 영화, TV 등을 감상하고 함께 토의한다.
2) 문화에 담겨진 철학적, 시대적 의미를 파악한다.

〈느낌과 표현〉

목표 : 하나님께서 창조하신 인간의 정서 영역을 계발하는 것을 목적으로 다양한 정서적 경험을 체험하고 향유할 수 있는 감수성과 심미적으로 표현하고 다른 사람들에게 전달할 수 있는 자질을 기른다. 자신의 미적 재능을 확인하고 정서의 중요성을 알고 생활에서 심미적 차원을 고양할 수 있는 능력을 증진한다.

내용 : 1) 음악

2) 미술

3) 무용

4) 연극

〈예술과 창작〉

목표 : 하나님께서 주신 표현의 욕구들을 보다 완성된 형태로 구현하도록 한다. 다양한 표현 방식들을 소개하고 집단 활동을 통해 예술적 욕구를 다양한 예술 형태로 표현할 수 있도록 한다.

내용 : 1) 영화, 연극 등 여러 가지 예술을 집단별로 창작해 본다.

2) 1년에 한 번 예술 작품을 창작, 공연한다.

〈기독교 세계관〉

목표 : 하나님 중심의 유신론적인 세계관을 확립하는 것과 역사적으로 등장한 다양한 세계관에 대한 기초적인 이해와 그것을 분석 비판할 수 있는 능력을 기른다.

내용 : 1) 유신론적 세계관

2) 이신론

3) 자연주의

4) 허무주의

5) 휴머니즘

6) 상대주의

7) 포스트모더니즘

8) 뉴에이지 사고

〈인간과 역사〉

목표 : 기독교적인 관점에서 인간, 사회, 역사를 이해하고 해석하는 눈을 기른다. 인류 역사를 통하여 나타난 인간의 반역과 하나님의 사랑을 확인하고 깨닫는다. 오늘날의 세계를 만들어 낸 인간의 역사를 배움으로 역사의식을 기르고 현재와 미래의 시대에 대처하는 능력을 기른다.

내용 : 1) 세계사

2) 국사

〈생각과 실천〉

목표 : 철학과 윤리 사상을 기독교적 세계관의 입장에서 바르게 이해하여 가치관을 확립하고 자신의 생활 세계 안에서 실천적 삶을 살아갈 수 있도록 한다.

내용 : 1) 인간이란 무엇인가?

2) 인간과 윤리

3) 철학과 사상

4) 철학과 윤리 사상의 실제

〈나와 이웃〉

목표 : 하나님과의 관계 안에서 나와 이웃과의 관계를 바르게 정립하고
　　　올바른 사회생활을 영위하므로 더불어 사는 사회를 지향하도록
　　　한다.

내용 : 1) 나와 우리
　　　2) 가정 생활
　　　3) 직장 생활
　　　4) 민주 시민 사회
　　　5) 정치 · 경제 생활
　　　6) 국민과 민족, 국가
　　　7) 지구촌 시대

〈수학과 철학〉

목표 : 수학이 다루는 기본적인 개념인 수와 공간에 대한 다양한 접근과
　　　철학적 배경을 살펴보고 그것을 통하여 하나님의 창조 질서 속에
　　　존재하는 수학적 의미와 수학교육의 목적을 깨닫고 수학과 인간
　　　의 삶을 접목시킨다.

내용 : 1) 수학 철학
　　　2) 수학사
　　　3) 수학교육의 방향

〈과학과 환경〉

목표 : 과학발전의 원동력과 목적이 무엇인지를 생각하고, 과학이 발전
　　　할수록 환경도 보존되어야 하는 이유를 이론과 구체적인 활동을

통하여 학습한다. 과학의 발전과 환경의 보존 속에 존재하는 인류의 갈등을 기독교적으로 해석하고 환경을 보호해야 하는 기독교적인 당위성을 이해한다.

내용 : 1) 환경오염

2) 지구의 보존

3) 과학의 윤리적 책임

〈과학의 이해〉

목표 : 과학의 본질적인 질문에 대한 해답을 찾아간다. 과학이란 무엇이며, 무엇을 다루며, 어떤 방향으로 나아가고 있는가? 인간과 과학은 어떤 관련이 있으며 그 과정에서 하나님은 어떻게 역사하셨는지를 다양한 세계관에 의거하여 생각하도록 한다.

내용 : 1) 과학사

2) 진화론의 등장

3) 현대과학의 한계

4) 창조과학

3장

꿈을 가꾸어 가는 사람들

김 기자는 교사들에 대해 알고 싶었다. 어떤 사람들이 어떤 생각으로 가르치고 있는 것일까? 시설이 아무리 좋아도 결국 교육의 열쇠는 교사가 가지고 있는 것이 아닌가? 약속대로 오 선생님은 연못가 벤치에서 김 기자를 기다리며 휴식을 취하고 있었다. 김 기자는 뭔가 사색하고 있는 것 같은 오 선생님 옆에 조심스레 앉으며 대화를 시작했다.

선생님께서는 어떻게 이 학교에 오시게 되었나요?

저는 이 학교에 오기 전까지 일반 공립학교에서 10년을 근무했습니다. 저 나름대로는 열심히 아이들을 가르치며 신우회 활동도 적극적으로 했습니다. 그런데 한 5년쯤 지나자 한계를 느끼게 되더군요. 저의 능력의 한계와 함께 공립학교가 주는 제도적 어려움 말입니다. 전도는 열심히 했지만 쉽지 않았고 수업시간에 저의 신앙 양심에 따라 교과내용을 설명하고 싶은데 그것도 힘들더군요. 그렇게 고민하던 중에 기독교사 신문에서 기독교 학교를 준비하는 모임에 대한 소개를 보고 합류하게 되었습니다.

 제가 평소에 의문을 갖고 있던 점이 바로 그것입니다. 오 선생님과 같이 열심 있고 훌륭한 분들이 모두 일반 공립학교에서 나와 이런 기독교 학교나 대안학교로 와 버리면 공립학교는 어떻게 됩니까? 사실 대부분의 학생들은 공립학교에 다니고 있지 않습니까?

 예, 맞습니다. 제가 학교를 옮기면서 가장 고민한 문제도 바로 그 점입니다. 그 문제로 많은 고민을 했습니다. 저는 하나님께서 우리 개개인에게 주신 사역지가 각각 다르다고 생각합니다. 어떤 이는 아프리카에 가서 복음을 전해야 되지만 또 어떤 이는 회사에서 하나님의 자녀로 살아가면서 선교사를 지원해야 하는 것과 마찬가지입니다. 그러므로 모든 기독교사가 기독교 학교로 와야 된다고 생각하지는 않습니다. 공립학교에 있는 기독교사나 기독교 학교에 있는 기독교사는 그 역할이 서로 다를 뿐입니다. 중요한 것은 서로가 서로를 이해하고 격려하는 것이라고 생각합니다. 각자 서 있는 현장은 다르지만 모든 기독교사에게 요구되는 것은 학교교육에 대한 하나님의 주권을 인정하는 것입니다. 그러므로 이런 기본적인 배경이 다르지 않다면, 전혀 문제될 것이 없습니다. 오히려 신앙적으로 좋은 여건에서 근무하는 저희들이 기독교적인 교육에 대해 많이 연구해서 일반 공립학교에서 애쓰시는 분들을 도와야 한다고 생각합니다. 어쩌면 일반 공립학교가 우리 기독교사들이 먼저 싸워야 하는 곳일 수 있습니다.

 하지만 하나님께서 주신 각자의 삶의 영역이 있습니다. 모든 기독교사가 기독교 학교에 있을 필요가 없듯이 반대로 모든 기독교사가 일반 공립학교에 있을 필요도 없습니다. 만약 하나님께서 어떤 한 사람을 기독교 학교의 교사로 부르셨다면, 그 부름은 의미 있고 중요한 것입니다. 바로 하나님께서 부르신 이유가 있기 때문이지요.

그렇군요, 아무래도 드림고등학교 같은 학교에 계시는 선생님들은 특별한 교육관을 갖고 있을 것 같습니다. 선생님의 교육관은 어떠신지요? 말하자면 선생님이 평소에 생각하시는 교사의 역할에 대해서 알고 싶습니다.

글쎄요. 누가 뭐래도 기독교 학교 교사의 모델은 예수님이 아닌가 합니다. 그래서 교사의 역할도 예수님을 보고 생각할 수 있을 것입니다. 기독교 교육에서는 예수님을 모델로 해서 교사의 기능을 왕적, 선지자적, 제사장적 기능으로 구분합니다. 저는 개인적으로 이 구분이 매우 의미가 있다고 생각합니다. 우선 교사는 왕의 역할을 해야 합니다. 이 말은 교사가 학생들 위에 군림한다는 의미는 아닙니다. 단지 교사로서의 올바른 권위를 사용해서 학급을 운영하고 학생들을 지도해야 한다는 말입니다. 자연주의자나 진보주의자들은 교사는 단지 정원사와 같아서 학생들에게 어떤 제한도 가해서는 안 된다는 생각을 합니다. 그러나 그것은 교사의 왕적 기능을 무시한 것입니다. 그들의 주장에는 인간이 근본적으로 선하다는 생각이 깔려 있는데 이는 성경과 정면으로 대치되는 것입니다.

다음으로 교사는 선지자와 같은 역할을 해야 합니다. 즉, 교사는 하나님의 뜻을 학생들에게 선포해야 합니다. 성경뿐 아니라 일반 교과지식을 통해서도 하나님의 진리를 학생들에게 전해야 합니다. 자연과 사회를 향한 하나님의 계획하심을 분별하여 그 의도대로 학생들이 살아가도록 가르치는 것이 교사에게 주어진 사명입니다. 자신의 생각과 마음대로 살아가던 이스라엘을 향해 하나님의 뜻을 외쳤던 선지자와 같이 무엇을 위하여 살아야 하는지 분명하게 선포할 책임이 있는 것입니다.

마지막으로 교사는 제사장적 기능을 갖습니다. 이것은 학생들을 위하여 하나님께 간구하는 역할을 의미합니다. 학생들이 아직 미성숙하여 잘못을 범할 때라도 대신하여 하나님께 나아가 무릎을 꿇는 자세를 보이는 것입니다. 학생들을 위해 중보 기도하지 않는 기독교사는 교사직을 제대로 감당하고 있지 못하는 교사입니다.

조금 어렵군요, 교사의 역할이란 정말 대단한 것이라는 생각이 듭니다. 선생님께서 교사와 관련하여 즐겨 묵상하는 성경 말씀이 있다면 하나 소개해 주시겠습니까?

예, 그러지요. 저는 모든 기독교사들이 성경을 통해 힘을 얻고 격려를 받아야 한다고 생각합니다. 성경은 하나님을 우리의 참된 교사라고 말합니다. 그리고 성경은 하나님이 말씀을 통하여 우리를 교훈하시고 책망하기도 하시며, 바르고 의롭게 교육한다고 말합니다. 그러므로 하나님의 말씀으로 충만한 자가 좋은 교사가 될 수 있습니다. 제가 개인적으로 좋아하는 말씀은 잠언 10장 21절 말씀입니다. "의인의 입술은 여러 사람을 교육하나 미련한 자는 지식이 없으므로 죽느니라." 라는 구절입니다. 아마 그 의미는 하나님의 말씀에 따라 살아가는 사람은 자연스럽게 바른 교육을 할 수 있다는 것이겠지요.

김 기자가 오 선생님의 말씀을 경청하며 열심히 뭔가를 적고 있는데 교장 선생님께서 커피 잔을 들고 다가오셨다. 외출해서 돌아오신 모양이다. 연못에는 금붕어 세 마리가 원을 그리며 한가로이 놀고 있었다. 김 기자는 궁금했던 것들에 대해 교장 선생님에게 다시 질문하기 시작했다.

교장 선생님. 지금 막 오 선생님으로부터 이 학교 선생님들에 대한 이야기를 듣고 있었습니다. 학생들이 선생님들을 무척이나 좋아하는 분위기 같은데 이 학교에서의 교사의 조건은 무엇인가요?

예. 우리 학교의 선생님들은 정말 훌륭한 분들입니다. 우리는 교사의 외적 자격보다 내적인 자질과 자세를 중요시합니다. 저희 학교의 교사가 되기 위해서는 교사가 갖추어야 할 일반적인 자질에 그리스도인으로서의 인격과 사고를 더불어 가지고 있어야 합니다.

우선, 저희 학교의 교사는 학생에 대한 사랑과 가능성에 대한 확신을 가지고 있어야 합니다. 사랑이 바탕이 되지 않은 교육은 학생들의 삶을 변화시키지 못하기 때문입니다. 학생은 교사가 학생들의 가능성에 대해 믿는 만큼 자라날 수 있습니다. 모든 인간은 하나님의 형상을 지닌 존재이기 때문에 그 누구도 그 가능성을 제한할 수 없습니다. 그러므로 저희 학교의 교사는 이러한 성경적인 관점에 의거하여 학생들을 사랑하고 그 가능성을 보는 사람만이 될 수 있습니다.

다음으로, 교과에 대한 전문적인 지식과 창의적인 교수법을 개발하고자 노력하는 사람이어야 합니다. 교과지식에 대한 넓고 깊은 이해 없이는 학생들에게 학문에 대한 흥미와 관심을 불러일으킬 수가 없기 때문입니다. 이 세상에 존재하는 모든 지식과 학문은 하나님의 통치 아래 있기 때문에 기독교인인 우리들은 지식과 학문을 등한시해서는 안 됩니다. 그러므로 저희 학교 교사는 교과서를 넘어서 교과와 관련된 다양한 자료들을 준비해야 하며, 특히 교과 내용이 가지고 있는 현실세계와의 관련성을 끊임없이 연구하여 그것이 가지고 있는 참된 의미를 학생들에게 알려 줄 수 있어야 합니다. 다양성의 세계를 살아가는 다양화된 학생들을 획일적으로 교육할 수는 없는 일입니다. 교과내용에 따라, 학생들의 수준과 반응에 따라 교수학습 방법은 다양하게 개발되어 수업에 적용되어야 합니다. 저희 학교의 교사는 이러한 연구를 위해 밤낮으로 공부하는 자세로 살아가는 사람들입니다.

마지막으로, 저희 학교의 교사는 기독교적인 역사의식을 갖고 학생들에게 꿈을 심어줄 수 있는 사람이어야 합니다. 꿈을 가진 자만이 다른 사람에게 꿈을 갖게 할 수 있습니다. 올바른 역사의식을 바탕으로 하나님이 주신 꿈을 이루어 가는 교사만이 저희 학교 학생들을 바르게 인도할 것입니다. 그리고 결국에는 학생들도 하나님이 주신 꿈을 꾸는 사람이 될 것입니다. 저희는 저희 학교의 모든 교사들이 학생들과 함께 꿈을 나누며 기도하는 모습이기를 소망하고 있습니다.

참 훌륭합니다. 이러한 교사들과 함께 공부하는 학생들은 행복하겠습니다. 이 학교 교사들의 가장 큰 특징이라면 무엇이라고 할 수 있겠습니까?

그것은 무엇보다 성경을 묵상하는 삶의 태도가 아닌가 합니다. 저희 학교의 모든 교사는 성경을 열심히 읽고 묵상합니다. 저희는 하나님의 말씀이 모든 교사의 인격과 사고를 지배하기를 원합니다. 저희 교사들의 인격이 예수님처럼 군림하는 자세가 아니라 섬기는 자세일 때, 진정으로 봉사하는 마음으로 학생들을 가르칠 수 있을 것입니다. 교사는 인격적인 면과 더불어 지식적인 면에서도 성경적 관점을 가져야 합니다. 왜냐 하면, 좋은 인격을 가진 교사가 반드시 성경적 지식을 갖고 있다고 할 수는 없기 때문입니다. 그러므로 저희 학교의 교사들은 교과지식을 성경적 관점에서 보려고 노력합니다. 성경적 세계관의 토대 위에서 지식을 생각하고 가르치는 이러한 일은 매일 성경 말씀을 깊게 묵상하며 그 말씀 위에서 지식을 열심히 연마하는 자라야 가능합니다.

인격, 교과지식, 신앙 등이 모두 뛰어나야 한다는 말씀인 것 같군요. 그런데 그것은 어디까지나 이상이지 않습니까? 현실적으로 몇 가지 조건 중 선택해야 하는 경우라면 교장 선생님께서는 어떤 자격을 갖춘 교사를 선택하시겠습니까?

매우 어렵고도 중요한 질문입니다. 그러나 분명한 입장을 가져야 하는 부분이기도 합니다. 신앙적 인격과 사고를 갖지 않은 자를 기독교인이라고 할 수 없듯이 교과지식에 대한 전문적 식견을 소유하지 못한 이를 교사라 하기도 어렵습니다. 그러므로 이러한 요소들은 기독교사의 필수적인 요소들입니다. 그러나 저희는 기독교 학교의 역사가 오랜 서구에서 기독교 학교가 어떻게 세속화되어 갔는가를 보며 교훈을 얻기도 합니다. 즉 신앙과 학문적 수월성을 겸비한 자를 찾지 못했을 때 신앙을 도외시하고 학문적 업적만을 보고 교사나 교수를 채용한 결과, 기독교 학교는 점차 세속화의 물결에 휩쓸려 갔다는 사실입니다.

그러므로 저희는 교사의 신앙적 토대를 결코 포기할 수 없습니다. 조금 부족한 학문적 수준은 교사로 재직하면서 조금씩 보완해 갈 수가 있다고 생각합니다. 하지만 신앙이 불안한 교사는 절대로 선택할 수 없습니다. 우리가 이러한 기준을 고집할 때, 하나님께서는 우리에게 가장 좋은 것을 주실 것입니다. 끝까지 하나님을 의뢰하고 기도할 때, 분명히 하나님께서는 신앙과 지식을 겸비한 교사를 우리에게 허락하실 것입니다.

오 선생님, 선생님께서 평소에 어떤 교사가 이상적인 교사라고 생각해 오셨는지 말씀해 주실 수 있겠습니까?

이상적인 교사의 모델이라면 우리 예수님 밖에 누가 있겠습니까? 예수님의 모습 중에서도 특히 제가 닮고 싶은 교사의 모습을 들라면, 제자들을 섬기셨던 모습입니다. 그리고 진리에 있어서는 절대 양보하지 않으셨던 것도 제가 훈련받고 싶은 부분입니다. 예수님은 인간을 사랑하셨는데 진리 가운데 하셨습니다. 학생을 사랑하면서 또한 공의 가운데 인도할 수 있는 교사, 그것을 위해서 계속 훈련될 준비가 되어 있는 교사가 제가 생각하는 이상적인 교사입니다. 또 저는 우리 학교 선생님들의 모습들을 합쳐 놓으면 이상적인 교사의 모습에 다가갈 수 있지 않을까 생각합니다. 각자의 고유성 속에 예수님의 생명을 품고 함께 일해 갈 때 형제가 동거하는 것이 아름답다는 하나님의 말씀을 생각하게 됩니다. 우리 교사들 한 사람 한 사람은 부족하지만 서로 부족한 것을 메꿔 주면서 서로를 세워줄 때 그 연합 속에서 그리스도의 온전하신 교사상을 이루어갈 수 있다고 봅니다. 그래서 생각하는 것인데 훌륭한 교사는 함께 일할 줄 아는 교사가 아닐까요? 사실 자아가 깨어지고 인격적으로 훈련된 사람들이 함께 일할 수 있으니까요.

그렇군요, 교장 선생님도 존경하는 교사를 한 분 소개해 주시겠습니까?

저는 우리 학교 선생님들을 소개하고 싶습니다. 정말 모두 헌신적이고 존경할 만한 분들이십니다. 그러나 굳이 존경하는 교사를 한 명 추천하라면 저는 기독교 학교에 관심을 가지고 여러 사람들을 만나면서 알게 된 미국인 한 분을 소개하겠습니다. 그 분은 기독교 학교운동에 관련되어서 우리에게 잘 알려져 있는 알버트 그린 목사님이십니다. 미국의 상황이나 여건이 우리보다 더 나은 것처럼 보이지만 기독교 학교운동이 미국에서도 그렇게 쉬운 일만은 아니었다고 생각됩니다. 그런데 그린 목사님은 신학과 수학, 교육학을 공부한 뒤 일반 학교에서 수학 교사로 있으면서 진정한 기독교교육에 대해 깊이 생각했던 분입니다. 그래서 직접 기독교 학교를 세우고는 교장이 되어 학생들을 가르쳤습니다. 그 이후 신앙과 지식의 통합을 필요로 하는 학교와 학부모들을 위해 기독교 세계관에 근거한 교육과정을 개발하고 교재들을 만들고 있습니다.

현재 미국의 많은 기독교 학교와 가정이 그분이 개발한 교육과정에 따라 교육을 시키고 있습니다. 물론 우리 나라에서 기독교 학교교육에 대한 관심을 불러일으킨 데 대하여 지대한 영향을 준 분이기도 합니다. 훌륭한 인품, 교육에 대한 열정, 성경에 바탕을 둔 교육적인 뛰어난 식견 등이 그분을 존경하는 이유입니다. 연로하시고 불편하신 몸에도 불구하고 한국에까지 도우러 오실 정도로 헌신적인 모습에는 저절로 고개가 숙여질 정도입니다.

참 훌륭한 분이시군요, 잘 알겠습니다. 그런데 교장 선생님, 아까 드림고등학교에서 요구하는 교사의 모습에 대해서 말씀을 듣다 보니까 그러한 교사를 어떻게 구하는지 알고 싶습니다. 제 개인적인 생각으로는 쉽지 않을 것 같은데요?

그렇습니다. 사실 아까 말한 바와 같은 우수한 교사를 찾는다는 것은 대단히 어려운 일입니다. 그래서 저희는 이미 모든 것이 준비된 교사를 찾기보다는 그러한 교사를 만들어 가는 데 중점을 두고 있습니다. 물론 기독교 교육을 꿈꾸며 준비해 온 실력 있는 기독교사를 찾는 것이 최우선적인 일입니다. 하지만 그러한 교사가 현실적으로 많지 않기 때문에 어떻게 하면 그러한 교사가 되기를 원하는 사람을 찾느냐가 저희들의 관심입니다. 우선적으로는 이미 존재하고 있는 다양한 기독교사 단체들의 도움을 받아 교사를 구합니다. 아무래도 기독교사 단체를 통하면 최소한의 검증을 할 수 있다고 생각합니다. 그리고 개인적으로 기독교사에 대한 비전이 있는 사람들을 찾습니다.

하지만 그러한 과정을 거치더라도 쉽게 교사가 될 수 있는 것은 아닙니다. 교사로 지원하는 사람의 내적인 자질을 검증하기 위해 저희 학교의 교사가 되기를 원하는 사람은 신앙에 근거한 자기 소개서를 제출해야 하며, 학교 이사회에서의 공동 면접과 담당 교사들을 대상으로 하는 시범 강의를 통해서 결정됩니다. 그러나 이러한 모든 것이 완벽할 수는 없습니다. 그래서 저희 학교는 처음 임용된 교사들에게 1년간의 수습기간을 두고 있습니다. 이 기간을 통하여 저희들은 새로 임용된 선생님을 더 잘 이해하게 되고 새로 임용된 선생님은 저희 학교의 특성과 본인의 역할을 잘 배워갈 수 있을 것입니다. 만약 부족한 점이 있다면, 이 기간 동안 보완할 수 있습니다. 수습기간이 교사의 임용을 제한하는 것이 아님을 분명히 알아 주십시오. 단지 저희가 중요시 하는 것은 기독교사로서의 기본 자세를 갖추고 있는 이들을 선발하여 부족함이 없는 교사가 되도록 훈련시키는 것입니다.

새로운 내용이군요, 좀더 자세히 알고 싶습니다. 교사들을 위한 다른 교육 프로그램이 있다면 어떤 것이 있습니까?

신임 교사는 1년간의 수습기간 동안 학교 부설로 설립된 기독교 학교 연구소에서 제시하는 교육 프로그램을 이수해야만 정식 교사로 인정됩니다. 프로그램의 내용은 성경 연구, 기독교 세계관과 기독교 교육관에 관한 세미나와 연구보고서 작성, 자신의 교과목에 대한 성격적 관점에서의 수업 지도안 개발 등의 과정이 포함되어 있습니다. 선임 교사의 수업을 참관하고 그에 대해 토론하는 시간을 갖는 것도 물론이지요. 1년간의 교육이 좋은 기독교사를 만드는 충분 조건이 아닌 것은 말할 나위가 없습니다.

정식 교사가 된 후에도 과별 협의회에서 교과자료 개발과 교수학습 방법에 대한 토의와 연구가 끊임없이 이루어집니다. 한 학기에 한 차례 있는 전체 교사 연수는 교사들의 영성과 공동체적 삶을 훈련하는 중요한 교육의 장입니다. 그리고 3년마다 한 학기씩 갖는 안식학기와 10년마다 갖는 안식년이 주요한 재교육 프로그램입니다. 안식학기를 3년마다 둔 이유는 교사로서 매너리즘에 빠지게 되는 기간이 3년 정도인 것으로 생각되기 때문입니다. 안식학기를 통하여 교사들은 자신이 가르치는 교과를 점검하면서 동시에 신앙적으로 교사로서의 소명의식이 퇴색되지는 않았는지 점검할 수 있을 것입니다. 10년마다 갖게 되는 안식년은 기본적으로 1년이지만 본인이 원하는 경우는 2년까지 보장해 줍니다. 이 제도는 교사에게 그 동안의 교육 활동을 정리해 보면서 새롭게 도약할 수 있는 전환기가 될 수 있는 계기를 제공하기 위한 제도입니다. 이 기간 동안 본인은 자신의 희망에 따라 개인적인 연구를 하거나 외부의 좋은 교육 기관에서 교육을 받을 수 있습니다.

학교가 생긴지 2년째인데 개교시에는 어떻게 교사들을 채용하고 훈련하셨는지 궁금한데요.

아! 네, 아시다시피 저희는 학교를 시작하기 전부터 학교를 준비하기 위한 모임을 여러 해 동안 함께 해 왔습니다. 그 모임이 학교 개교를 3년 앞두고 기독교 학교교육연구소로 이름을 바꾸면서 여러 과목의 선생님들이 모이셨고 함께 연구를 계속 했습니다. 연구소 초기에 함께 연구하신 선생님들은 대부분 기독교 학교가 설립되면 거기에서 학생들을 가르칠 생각을 하신 분들이었습니다. 그래서 자연히 학교 개교시에 대부분 저희 학교로 오셨습니다. 다행히 올해까지는 오랫동안 함께 연구한 선생님들만으로 가능했는데 내년에는 부족할 것 같아서 올해 새롭게 몇 명의 선생님들을 뽑아 수습교사로 훈련시키고 있습니다. 앞으로 교사의 선발과 훈련이 정말 중요한 문제가 될 것 같습니다.

설명을 들으니까 선생님들이 굉장히 바쁘고 힘들겠다는 생각이 듭니다. 제가 전에 여러 대안학교들을 취재했던 적이 있었습니다. 그 때 대부분의 학교와 교사들의 환경이 많이 열악한 것을 보고 마음이 참 아팠습니다. 드림고등학교의 선생님들은 어떤 상황인지요? 혹 가정하고의 갈등은 없는지요? 오 선생님께 여쭈어 보고 싶습니다.

좋은 질문입니다. 저도 친구가 대안학교에 있어서 그분들의 상황을 잘 알고 있습니다. 참으로 대단한 분들입니다. 일반 교사들에 훨씬 못 미치는 봉급에도 전혀 내색하지 않고 오히려 더 헌신해서 밤낮으로 교육하는 모습이 큰 도전이 됩니다. 저희 학교가 기독교 교육을 한다는 기준에서는 저희도 그분들과 같은 모습을 보여야 할 것입니다. 그러나 기독교 교육을 한다고 해서 교사에게 꼭 극단적인 헌신을 요구하는 것은 잘못된 것이라고 생각합니다. 하나님께서는 기독교 학교교육을 중요하게 여기시지만 동시에 그러한 교육에 헌신한 교사와 그 가정도 중요하게 여기고 계시기 때문입니다.

그러므로 기독교 학교교육을 하는 교사들에게 가정을 위협할 정도의 지나친 희생을 요구하는 것은 바람직하지 않습니다. 동시에 너무 풍족한 환경도 사실 필요치 않습니다. 성경에 나와 있는 말씀처럼 배부르면 하나님을 모른다고 하고 가난하면 도적질을 하여 하나님의 이름을 욕되게 할지 모르기 때문입니다.

그런 면에서 저희 학교는 좋은 학교입니다. 우선 저희 학교 교사들의 봉급은 일반 학교 교사보다 부족하지 않습니다. 그러므로 편안한 마음으로 학교에 전념해서 학생들을 가르칠 수 있습니다. 또한 많은 연구와 과제가 있기는 하지만 개인의 상황에 따라 조정이 가능합니다. 그리고 저희 학교는 목표지향적인 조직이라기 보다 하나의 공동체입니다. 서로의 삶을 나누고 서로의 상황을 이해하는 가운데 일을 해 나가기 때문에 조정이 가능합니다. 무엇보다 '사람'이 중요하지 않습니까? 귀가시간은 이전보다 늦어졌지만 제가 평소에 바라던 학교교육을 하니까 제 아내도 오히려 좋아합니다.

사람이 중요하다는 말씀은 정말 인상적이군요. 그런데 사람이 중요하다고 하시니 체벌문제가 생각나는데요. 어떻게 생각하시나요? 교장 선생님.

저희 학교에서의 훈육 방법은 기본적으로 각 선생님들의 교육관에 따라 이루어집니다. 그래서 체벌여부도 각 선생님들의 자유이지요. 아직까지는 체벌이 학교에서 문제가 되었던 적은 없습니다. 지난 겨울방학 교사 연수 때 체벌에 대해서 토론한 적이 있습니다. 그 때 어떤 결론을 내리지는 못했지만 체벌이 교육적으로 효과가 없다는 것은 모두가 동의를 했었습니다.

그렇다고 저희 학교의 규율이 약한 것은 아닙니다. 학생의 모습에 위반되는 행위는 허락되지 않습니다. 시험 중 부정행위라든가 다른 학생의 물품을 갈취하는 등의 심각한 문제는 학부모와 함께 상담을 하고 특별한 치유와 훈련이 필요한 경우는 일정한 훈계의 과정을 거치게 합니다. 개교한 지 얼마 안 되서 아직 심각한 문제는 없었습니다만, 만약 학생이 이런 훈계 과정에 잘 따르지 않고 문제행동을 반복할 경우에는 퇴교 조치도 고려할 것입니다. 기독교 학교의 생명은 신앙에 근거한 도덕성에 있다고 믿습니다. 학생들의 생활과 문화에 관한 한 많은 자율을 부여하려고 하지만, 도덕성과 공동체성을 유지하는 것 또한 매우 중요하게 지켜가야 할 것입니다.

흔히 기독교 학교를 기독교 공동체라고 부르는 것으로 알고 있습니다. 한 마디로 드림고등학교를 말한다면, 무엇이라고 할 수 있을까요?

저는 저희 학교에 대해 '배움의 공동체' 라는 말을 즐겨 사용합니다. 다른 말로 하면, 저희 학교는 단순히 학생들만이 열심히 공부하는 곳이 아니라 학교에 관계하는 모든 구성원들이 서로의 상호작용을 통해 모두가 성숙한 그리스도인으로 자라가는 장(場)입니다. 결국 하나의 기독교 공동체인 셈이지요. 한 공동체 안에 있는 구성원들이 갈등을 일으킬 수 없듯이 학생, 교사, 학부모, 교장의 관계도 서로 보완의 관계입니다. 그러므로 다른 어떤 학교에 비해 학부모의 학교교육 참여가 적극적이고 교사들과의 협력도 높습니다. 동시에 학부모나 교장은 직접적 교육활동에 대해 교사의 전문성을 절대적으로 인정합니다.

학부모들은 운영위원회를 통해 교육과정 편성에 참가할 수도 있고, 개별적으로는 교사의 손이 미치지 못하는 다양한 분야에서 학생들을 도울 수 있습니다. 학교장 역시 학생, 교사, 학부모들이 가능한 자유롭게 교육활동을 할 수 있도록 교육환경을 조성하는 역할을 합니다. 바로 이러한 모습이 '배움의 공동체' 라는 모습입니다.

이야기 중에 한 학생이 오 선생님을 찾아왔다. 휴식 시간을 이용하여 이야기를 나누고 싶어하는 것 같았다. 오 선생님이 양해를 구하고 자리를 뜨려고 해서 김 기자는 좀 어려운 부탁을 했다. 오 선생님의 하루 일과를 알고 싶다는 것이었다. 오 선생님은 몇 가지 자료를 복사해 주겠다고 했다.

오 선생님의 어느 하루

아침 7시50분, 오 선생은 국어과 연구실에 들어섰다. 자리에 앉자마자 시편 말씀을 펴서 묵상을 시작하였다. 시편을 읽을 때마다 느끼는 것이지만 철저하게 하나님 중심으로 사고하며 살아간 시인 다윗의 고백은 항상 오 선생의 가슴에 감동을 불러일으켰다. 말씀 묵상을 마치고 오늘 하루의 일과표를 점검하였다.

1 교 시 : 1-3 고전문학 수업
3,4교시 : 2-1 논술 수업
16:00　　 연구소 회의(문학교과서 출판 건)
19:00　　 학교운영위원회

오늘의 일들을 놓고 기도를 하다가 문득 1학년 2반의 치원이 얼굴이 떠올랐다. 항상 수업시간에 멍하게 있다가 낙서만 하고 도대체 말을 잘 하지 않는 그 아이. 웬지 얼굴에 어두운 그림자가 짙게 깔려 있어 그 아이와 이야기를 나누어야 겠다고 생각하면서도 시간을 내지 못했는데, 오늘은 반드시 담임 선생님과 의논을 해보고 상담을 해야겠다는 생각이 들었다. 그래서 오 선생은 1학년 2반 담임인 김 선생님을 만나기 위해 수학연구실로 연락했다.

김 선생님은 아직 학급의 성경 묵상시간을 마치고 돌아오지 않은 모양이다. 오늘의 일과 중 특히 학교 운영위원회의 결정이 하나님의 뜻대로 이루어지기를 간절히 기도한 뒤 첫 수업을 위해 1학년 교실로 향했다. 가는 길에 치원이 문제는 아무래도 담임과 먼저 얘기해 보는 것이 필요할 것이라고 생각한 오 선생은 수학연구실 앞에 메모를 남겼다.

뒷산의 시원한 가을 바람이 기분 좋게 스며드는 2층 끄트머리에 자리한 1학년 3반 교실은 항상 생기가 넘쳐난다. 왁자지껄 소란스럽던 교실이 오 선생의 등장으로 조용해졌다. 오늘 발표를 맡은 하경이와 몇 아이들이 컴퓨터를 작동시키며 자료들을 정리하고 있다. '구운몽에 나타난 주제 의식과 불교의 현세관' 이란 오늘 공부의 주제가 대형 스크린에 비추어져 있다. 새침떼기 하경이는 까만 안경을 한 번 들었다 놓고는 발표를 시작했다. 구운몽의 전체 짜임을 도식화하여 보여 주고는 열심히 불교의 윤회설과 현세관에 대해 설명해 나갔다. 발표를 마치자 진지하게 듣고 있던 원태가 이 작품은 그 창작 동기를 생각할 때 주제를 다르게 보아야 하지 않겠느냐고 이의를 제기했다. 오 선생은 아이들의 열띤 토론을 들으면서 불교와 기독교의 현세관을 비교하여 보여 줄 수 있는 문학 작품들을 머리 속에 떠올려 보았다.

수업이 끝나고 연구실로 돌아가자 김 선생님이 전화를 했다. 만나서 치원이 문제를 의논하니 최근에 치원이 아버지의 사업이 잘 안 되어 우울해 한다고 했다. 김 선생님과 함께 치원이와 그 가정을 위하여 기도하고 돌아왔다.

2학년 1반 논술 시간은 오 선생이 항상 긴장을 풀 수 없는 시간이다. 칼이란 별명의 윤호가 끊임없이 질문을 하여 오 선생을 곤경에 빠뜨리곤 하기 때문이다. 두 시간 연속 수업인 오늘의 논술 주제는 '과학의 객관성 문제'이다. 오 선생은 과학 선생인 최 선성님과 함께 준비한 읽기 자료들을 학생들에게 배부한 뒤 자료들을 정독시킨다. 읽기가 마친 조별로 주제 토론을 하게 한다. 어떤 조는 진지하게, 어떤 조는 시끄럽게 웃으면서 열띤 논쟁을 벌인다. 소리가 어느 정도 잦아들면 각자 조용히 자신의 생각을 원고지에 옮기게 한다. 처음 자신이 생각하던 것에서 읽기 자료를 통해 전문가의 생각을 읽었고, 친구들과의 토론을 통해 서로의 생각을 나누면서 자신의 생각을 정리한 것을 이제 문자화하는 것이다. 이 글들은 다음 논술시간에 글의 구조와 그 주제에 대한 학생들의 생각에 대한 논의를 위해 사용될 것이다. 윤호의 질문에 분명한 답변을 하기 위해서는 오늘밤 글들을 꼼꼼하게 챙겨 읽고 메모를 해 두어야 한다.

점심시간은 역시 즐거운 시간이다. 오늘따라 방송반 아이들이 오 선생이 좋아하는 베르디의 아리아를 들려 준다. 오 선생은 울긋불긋 물들기 시작하는 교정을 기분 좋게 걸어 식당으로 갔다. 그리고 아이들과 어울려 점심을 먹은 후 연구실로 올라갔다. 음악을 들으며 가을 하늘에 취하고 싶은 유혹을 뿌리치고 인터넷에 접속, 오늘 오후 연구소 회의를 생각하며 미국의 여러 문학 교과서를 검색해 본다. 책의 형태와 디자인, 내용들을 살펴본 후 몇 개를 출력했다.

어느덧 시간은 오후 4시가 가까워져서 회의가 있는 교육 연구소로 발걸음을 옮긴다. 하늘 출판사 김 부장, 연구소 강 선생, 그리고 하 선생이 기다리고 있었다. 하 선생이 작년 1학년 문학 수업을 하며 만들었던 자료들을 김 부장에게 보여 주고 있었다. 편집과 디자인만 잘 되면 미션스쿨의 많은 교사들에게 큰 도움을 줄 수 있을 것이라고 강 선생이 덧붙였다. 오 선생은 이번 기독교적 세계관에 바탕한 문학책을 발간하는 것을 계기로 내년에는 반드시 우리 연구소에서 제작한 국어교과서가 정식 고등학교

교과서로 인정받게 되기를 기도하는 마음으로 회의를 지켜보고 있었다.

과 연구실로 돌아온 오 선생은 잠시 쉬었다가 7시에 있을 학교 운영위원회에 참석하기 위하여 세미나실로 향했다. 시간이 좀 일러서인지 아직 아무도 오지 않았다. 오 선생은 다시 한 번 하나님의 뜻 가운데 오늘의 결정이 이루어질 수 있도록 기도했다. 교사 대표인 이 선생과 문 선생, 학부모 대표 3인 그리고 학교 이사인 김 변호사가 차례로 왔고, 마지막으로 교장 선생님이 오셨다. 오늘의 의제인 '특별반 운영' 과 '진로지도를 위한 학부모 참여방안' 에 대해 학부모 위원인 온유 아버지께서 그 동안의 논의과정을 간단히 보고하였다. 학생들 간에 존재하는 학력차이를 인정할 것과 대학 입시를 위해 학교에서 좀 더 적극적으로 힘써줄 것을 요구하는 학부모들이 많다는 사실을 알아 달라는 요지였다.

우수학생들을 대상으로 특별반을 요구하는 학부모 대표들과 학교의 건학 정신에 어긋난다고 특별반을 반대하는 교사대표들의 의견이 한동안 대립되었다. 중재에 나선 김 변호사가 정규 교과 시간은 지금과 같이 유지하되 희망하는 학생들에 한해 방과 후 저녁 시간에 개별 지도를 해 주는 시간을 갖자는 중재 안에 모두가 동의를 해서 결정이 되었다. 두 번째 의제인 진로지도 문제는 교사들의 요청을 학부모들이 적극적으로 받아들여 좋은 안이 만들어지게 되었다. 전문 상담가인 한 학부모가 청소년의 정체감에 대한 강의를 맡기로 하고, 각 직업별로 토요일 오후 학년 단위로 설명회를 10월 한달 동안 갖고 마지막으로 적성 테스트와 개별 상담을 하기로 했다.

좋은 결론을 얻게 되어 하나님께 감사 기도를 드리고 시계를 보니 저녁 9시가 가까워지고 있었다. 가을 별자리를 하나씩 찾으며 집으로 돌아오니 은별이가 아직 자지 않고 아빠를 반갑게 맞아 주었다. 오 선생은 아이를 감싸 안으며 오늘 하루의 모든 긴장을 풀고 있었다.

　다음은 오 선생의 교무수첩 앞장에 메모되어 있는 내용을 복사해 준 것이다.

	2月 20日
	*교과를 가르칠 때 기억해야 하는 기본원리
1. **통합** :	신앙과 교과내용 간의 통합을 항상 고려하고 연구할 것. 무리하게 통합하는 것은 바람직하지 않음. 교과의 지식을 숙지하여 항상 통합의 가능성, 실마리를 찾는 훈련을 할 것.
2. **교사들 간의 협의**:	통합의 아이디어를 얻는 좋은 방법은 같은 과목을 가르치는 다른 교사들의 의견을 듣는 것 뿐 아니라 다른 과목 교사들과도 의견을 나누는 것이 필요함. 계속적인 상호작용要.
3. **내용의 현실성 고려**:	가르치는 내용이 아이들의 삶에 얼마나 실질적으로 관련되는 것인지 생각할 것. 지나치게 추상적이거나 또는 지나친 상상력을 자극하는 것은 절제할 것.
4. **기독교 세계관의 반영**:	나의 수업은 어디까지 기독교 세계관을 반영하고 있는가? 나의 학생에 대한 태도는? 나는 왜 가르치고 있는가?
5. **신앙적 성숙과 실천**:	아이들에게, 교사인 나에게 가장 필요한 것 바로 이것이다!!!

4장

학교의 살림살이

김 기자는 드림고등학교가 뚜렷한 특성을 갖는 학교라고 느꼈다. 특히 그 특성들이 학교살림을 꾸려 가는데 어떻게 나타나는지 무척 궁금하였다. 많은 학교들이 좋은 이념과 목표를 가졌음에도 불구하고 실제 행정에서는 문제가 많은 것을 여러 번 보아왔기 때문이다. 오 선생님이 자리를 뜨자 교장 선생님은 교장실로 옮기면 어떠냐고 하셨다. 교장실로 들어서자 김 기자는 교장 선생님 맞은 편 소파에 앉아 먼저 말문을 열었다.

교장 선생님, 또 시간을 내주셔서 감사합니다. 오늘 하루 학교를 돌아보니 이 학교가 참 좋은 학교인 것 같습니다. 만일 학생으로 돌아간다면 이런 고등학교를 다시 다녀보고 싶다는 생각이 듭니다. 그런데 교장 선생님, 제 생각으로는 드림고등학교가 진정한 기독교 학교라면 모든 부분이 달라야 한다고 생각합니다. 그렇다면 행정에 있어서도 다른 학교와는 다른 어떤 특별한 것이 존재하나요?

우리 학교를 좋아하신다니 참 기쁘군요. 그리고 좋은 질문을 해 주셨습니다. 제 생각도 김 기자님과 거의 같습니다. 우리가 기독교 학교를 한다고 하는 것은 학교에서 일어나는 모든 일에 기독교 정신이 스며 있는 것을 의미합니다. 교사들이 교실에서 가르치는 내용과 학생들이 서로 주고받는 말들 속에도 기독교 정신이 있어야 합니다. 나아가 학부모들이 학교를 방문할 때도 기독교 정신이 있어야 합니다.

하지만 우리 한국 기독교인들은 일반적으로 그런 것에 약하다는 지적을 많이 받지 않습니까? 김 기자님도 잘 아시지요? 그래서 저희 드림고등학교에서는 작년에 학교를 설립할 때부터 학교에서 일어나는 모든 일에 기독교 정신이 스며들도록 꽤 많은 노력을 하고 있습니다. 학교에 들어오실 때, 인사를 나누신 박 선생님은 몇 해 전에 교장으로 정년 퇴직하신 분으로 스스로 수위를 자청하셨습니다. 매일 가장 낮은 자리에서 학생들에게 그리스도의 마음으로 인사하시는 모습을 보면서 저희 교사들이 많은 도전을 받습니다. 참으로 훌륭하신 분이지요.

저희도 바로 이와 같은 관점에서 학교행정을 하려고 노력합니다. 아직 무어라고 말씀드릴 것은 없지만, 김 기자의 질문에 대답을 한다면 저희 학교는 행정도 기독교적으로 하려고 노력한다는 것입니다. 기도하고 노력하다 보면 하나님의 은혜가 임하지 않겠습니까?

그렇더라도 그냥 노력하는 것 말고 다른 특징적인 것은 없을까요?

글쎄요. 저희가 생각하는 기본적인 것은 다른 학교의 행정이 추구하는 목적과는 다른 목적을 가지고 있다는 것입니다. 김 기자님도 알다시피, 일반 학교의 교육행정은 근본적으로 학교 운영에 초점을 맞추고 있습니다. 학생들의 교육활동을 지원한다고 하지만, 실제로는 학교를 경영하고 교사들을 관리하는 성격이 더 강합니다. 하지만 저희 드림고등학교의 행정은 철저하게 교육활동을 위해서 움직입니다. 가능한 한 교사들을 방해하고 힘들게 하는 업무들은 행정실에서 처리하려고 합니다. 또 교육청에서 내려오는 여러 가지의 공문도 필요 없다고 생각되는 것들은 되도록 교사들에게 직접 전달되지 않도록 노력하고 있습니다. 이러한 작은 일에서부터 기독교 학교의 행정은 달라야 하지 않겠습니까?

하지만 교육청에서 내려오는 공문이 담당 교사에게 적게 전달되는 게 꼭 좋은 것인가요? 공문이나 사무처리를 하면서 배우는 것도 많지 않나요?

김 기자님의 말씀처럼 다른 생각이 있을 수도 있습니다. 하지만 제 생각은 교사들이 학생들을 가르치고 그것을 위한 준비를 하는 것이 모든 것에 우선된다고 생각합니다. 그래서 되도록 교사들이 불필요한 공문을 처리하거나 잡무를 하지 않도록 주의하지요. 제 경험에 의하면 교사들이 잡무에 시달리는 시간이 적을수록 학생들을 위한 시간 투자가 많아지는 것을 보았습니다. 교사들이 공문이나 사무처리를 통해서 얻게 되는 유익보다는 어떻게 하면 자신이 가르치는 교실에서 학생들과 함께 하나님이 주신 진리를 찾아갈 수 있을까 고민하는 것이 더 중요하다고 생각합니다.

그렇군요, 행정실의 분위기는 어떻습니까? 아까 얼핏 보기에는 매우 편하고 활기차 보이던데요.

사실, 행정이란게 재미가 없습니다. 저도 처음에는 적응이 안되어서 고생이 많았습니다. 교장이라고 하는 직책이 대단한 것입니까? 그냥, 교사 중의 한 사람인 제가 단지 교장의 역할을 하고 있을 뿐입니다. 지난 해 개교를 준비하면서 저희들 가운데서 누가 교장을 먼저 맡을 것인지 함께 기도하는 가운데 제가 맡기로 결정되었을 때, 처음에는 많이 혼란스러웠습니다. 하지만 지금은 적응이 되어서 나름대로 재미를 느끼면서 일하고 있습니다.

저희 행정실은 두 명의 직원이 교사의 경험을 가지고 있어서 선생님들과의 이해도 깊고 서로 격려하며 잘 지내고 있습니다. 행정실은 "항상 기뻐하라"는 나름대로의 모토가 있습니다. 행정실은 신경을 많이 쓰고 사무적인 업무를 처리하는 부서라 웃음을 잃기가 쉽지요. 그래서 행정실 직원들이 자체적으로 자신들의 모토를 만들었습니다. 이것만 보아도 저희 학교의 행정실은 꽤 발전적이죠?

참, 재미있는 곳이군요. 요즘, 사회에서는 서비스라는 말을 많이 쓰고 있습니다. 드림고등학교는 아무래도 기독교 학교니까 그런 정신이 더 강할 것 같은데 어떻습니까?

좋은 지적입니다. 서비스 정신은 저희 학교 행정실을 따라올 곳이 아마도 별로 없을 것입니다. 저희 학교에서는 서비스라는 말보다는 섬김이라는 말을 더 자연스럽게 사용합니다. 저희 학교의 모든 직원이 기독교인이라는 것은 아시고 계시죠? 인사권을 가지고 있는 이사회와 면접을 할 때, 반드시 물어 보는 것이 있습니다. 그것은 바로 섬김입니다. 저도 같은 질문을 받았었습니다. "지금까지 어디를 섬겼습니까? 저희 학교에 오시면 어떻게 섬기시겠습니까?" 그래서 그런지 몰라도 저희 학교의 선생님들은 물론이고 학교행정과 살림을 맡아 보는 행정실의 직원들도 모두 투철한 섬김의 정신을 가지고 있습니다. 물론 몸으로 실천을 하고 있지요.

섬김과 동시에 강조하는 것이 있습니다. 그것은 바로 희생입니다. 학교라는 한 공동체 안에 있음에도 우리에게 여전히 나타나는 모습이 경쟁입니다. 지금까지 모든 경험이 경쟁적이었으니 어쩌면 당연한 지도 모르겠습니다. 하지만 저희 학교에서는 이러한 경쟁의 모습을 없애려고 노력하고 있습니다. 기독교의 정신이란 경쟁이 아니라 협동과 격려이니까요.

섬김과 희생의 학교행정이라는 것이 참으로 멋있습니다. 그런데 교장 선생님, 제가 잘 몰라서 그러는데 행정에 대하여 성경에서 말하는 부분이 있습니까?

물론입니다. 비단 행정뿐만이 아니라 기독교 학교에서 이루어지는 모든 활동은 성경적인 바탕을 가지고 있습니다. 어떤 활동은 구체적으로 묘사되어 있기도 합니다. 예를 들면, 어린아이들을 용납하는 예수 그리스도의 모습은 우리가 학생들을 어떻게 포용해야 하는가에 대해 직접적으로 가르쳐 줍니다. 그러나 학교에 대한 언급이 성경에는 없기 때문에 우리는 비슷한 의미를 전달하는 부분을 통해서 하나님의 계시를 받을 수 있습니다. 사람마다 다르겠지만 저는 마태복음 22:37-40을 통해서 학교행정에 대한 기독교적인 생각을 정리했습니다. "네 마음을 다하고 목숨을 다하고 뜻을 다하여 주 너의 하나님을 사랑하라 하셨으니 이것이 크고 첫째 되는 계명이요, 둘째는 그와 같으니 네 이웃을 네 몸과 같이 사랑하라 하셨으니 이 두 계명이 온 율법과 선지자의 강령이니라." 하는 말씀은 우리에게 행정의 원리를 제공해 준다고 생각합니다.

학교행정은 결국 학교에서 이루어지고 있는 모든 교육적인 활동을 지원하고 그러한 활동을 하는 교사들을 섬기는 것이라고 생각합니다. 성경에서 다른 사람을 섬긴다는 것은 결국 다른 사람들을 사랑한다는 의미가 아닐까요? 저는 이러한 생각으로 학교행정을 바라보고 있습니다. 즉 학교행정은 하나님에 대한 사랑으로 시작되어 다른 사람을 사랑하는 마음으로까지 발전하고 그것의 표현으로 섬김의 모습이 나타나는 것입니다.

그렇군요, 아까 말씀하실 때, 행정실에 교사 출신이 2명 있다고 했는데 혹시 행정직원을 뽑는 특별한 기준이 있는지요?

행정직원에 해당하는 특별한 기준은 없는 것으로 압니다. 하지만 우선은 분명한 성경적 세계관을 가지고 있어야 하겠지요. 그리고 무엇보다 기독교 학교에 대한 비전이 있는 분들을 뽑은 것으로 알고 있습니다. 아무리 재능과 실력이 있더라도 기독교 학교에 헌신할 수 없다면 함께 생활할 수 없겠지요. 알다시피 저희 학교는 사립입니다. 그래서 한 번 들어오면 평생 같이 생활하는데 같은 비전이 아니면 참으로 어렵습니다. 그리고 마지막으로 고려한 것이 교육경험인 것 같습니다. 4명의 행정직원 가운데 2명이 교사 출신이라는 것은 높은 비율입니다. 그만큼 교사들을 잘 이해하고 지원할 수 있는 사람을 뽑으려고 노력했는데 사실 저희들은 그 결과에 대해서 대 만족입니다.

잘 알겠습니다. 행정실에 교사출신이 있으니까 일반 교사들하고의 갈등은 거의 없겠군요?

글쎄요? 그렇지는 않은 것 같습니다. 사람이 모여서 사는 곳이면 어디든지 갈등이 발생할 수 있지 않겠습니까? 저희 학교도 최선을 다하여 서로를 섬기고 도우려고 하지만 간혹 일을 하다 보면 사소한 문제로 인한 오해의 문제가 생기기도 합니다. 특히 행정직원과 교사들은 서로 다른 업무를 하다 보니 오해가 생기기도 하지요.

여기에 별다른 해법이 있는 것은 아닙니다. 서로 기도하면서 공동체의 의미를 다시 세울 때, 조금만 지나면 다시 이해하게 되고 오해가 풀리는 것을 보았습니다. 갈등이 생기는 순간 한 번 더 상대방을 이해하려고 노력하는 것이 해결방법인 것 같습니다.

그렇군요, 그런 상황이 발생하면 참 어려우시겠습니다. 학교행정의 책임은 교장 선생님이 가지고 있다고 생각합니다. 교장 선생님의 학교행정의 원칙이 있다면 무엇이 있을까요?

벌써 제 교직 경력이 20년이 넘었습니다. 지난 20여 년 동안 부끄러움 없는 교사로 남기 위해 참으로 많은 노력을 했습니다. 그러면서 깨달은 비결이 있는데 그것은 학교행정을 유연하게 해야 한다는 것입니다. 학교는 항상 새로운 학생들이 들어오기 때문에 변하게 마련입니다. 올해 들어온 신입생이 다르고 작년에 들어온 신입생이 다릅니다. 이러한 변화 속에서도 학교행정은 언제나 그대로였습니다. 그러다 보니 학생들에 맞추어 교육하는 교사들의 교육활동을 지원해야 하는 학교행정은 오히려 걸림돌이 되는 경우가 대부분이었습니다. 학교행정이 교육활동을 지원하는 것이 아니라 오히려 학교의 교육활동이 학교행정에 맞추어지는 기현상이 벌어졌습니다. 바로 이것이 일반 학교행정의 문제였습니다. 그래서 개인적으로 생각한 것이 있습니다.

그것은 학교행정은 본질적으로 학생들을 위해서 존재한다는 것입니다. 따라서 학교행정은 학생들의 상황과 교사들의 상황에 맞추어 변해야 합니다. 물론 기본이 되는 원칙은 변할 수 없지만 상황에 따라 다른 여러 모양들은 변할 수 있어야 합니다. 그것을 가능하게 하는 것이 바로 유연한 학교행정입니다. 바람직한 교육활동을 위해서는 언제든지 변할 수 있는 행정, 그것이 제가 추구하는 방향입니다. 굳어 있는 체제로는 살아 있는 학생들을 교육할 수 없습니다. 살아 있는 학생들을 제대로 교육하기 위해서는 살아 있는 체제가 필요합니다.

쉽게 이야기한다면, 흔히 말하는 열린 행정을 의미하는 것인가요?

비슷한 개념입니다. 그러나 단순히 열린 행정이란 말과는 차이가 있습니다. 김 기자님도 잘 아시겠지만 요사이 '열린' 이란 말을 많이 쓰고 있습니다. 열려 있다는 의미가 좋기는 하지만 모든 부분에 적용될 수 있는 것은 아닙니다. 예를 들면, 저희 학교는 전체 교사회의가 주요 의결회의 이지만 상당한 부분은 각 담당 선생님들에게 위임되고 있습니다. 그리고 그것을 존중합니다. 만약 모든 것에 열린 행정이라면, 모든 결정을 전체 교사회의에서만 해야겠지요? 그러나 저희는 그렇게 하고 있지 않습니다. 다만, 결정과정을 포함한 모든 행정이 투명하고 객관성이 있어야 합니다. 위임될 부분은 위임되어야 하며, 객관성을 바탕으로 서로 신뢰할 수 있어야 합니다. 일반적인 경우는 민주적인 결정을 따르지만 때로는 교장의 권위로 결정을 하는 때도 있습니다. 이렇게 다양한 모습을 지혜롭게 조화시키는 것이 참 어렵습니다. 이해하시기가 어려우실지도 모르겠습니다.

아닙니다. 저도 1년 동안 학교에 있어봐서 어느 정도는 이해가 될 것 같습니다. 그런데 교장 선생님, 민주적인 결정과 교장의 권위의 한계를 구체적으로 설명해 주시겠습니까?

예를 들면 이렇습니다. 학생들의 징계 문제입니다. 일반의 경우, 학생들의 개인적인 생활문제는 담임 선생님과 상담 선생님이 주로 결정합니다. 하지만 학교 전체에 해당하는 생활 규정은 전체 교사회의를 통해서 결정됩니다. 전체 교사회의의 진행은 선생님들 중의 한 분이 하고 모든 교사들은 한 표의 의결권을 가집니다. 물톤 저도 한 표의 의결권을 가집니다. 교장으로서 저의 의견은 있지만 학생 전체의 세밀한 생활을 대상으로 하는 결정은 당연히 전체 선생님들의 의견이 다 반영되어야 합니다. 그래서 이런 결정은 전체 교사회의를 따르게 되지요.

다음으로 학교의 신앙적인 방향을 정하는 문제가 있습니다. 물론 학교의 모든 선생님들도 신앙적인 문제에 관심이 있겠지만 아무래도 학교 전체의 문제를 생각하는 교장보다는 관심이 적을 것입니다. 따라서 그러한 문제는 교장이 신앙적인 권위를 바탕으로 주도적으로 이끌어 갈 수 있습니다.

그렇군요? 그런데 선생님, 좀 전에 교장의 경적인 권위를 언급하셨는데 무슨 뜻인지 좀 더 부연해서 설명해 주시겠습니까?

예, 사실 학교에서 교장의 역할은 정해져 있습니다. 일반적인 역할은 주로 대외적인 부분에 전념합니다. 교장 회의를 다닌다거나 외부의 손님이 오시면 오늘처럼 안내도 합니다. 또는 학교의 발전을 위하여 필요한 분들을 찾아다니지요. 이러한 동시에 학교에서 이루어지고 있는 교육활동을 구석까지 이해해야 합니다. 그래서 저는 일부러 수업을 하고 있습니다. 올해는 1학년의 통합과목인 기독교 세계관을 가르치고 있습니다. 새로 들어온 신입생들과 함께 공부하니까 그들의 성향과 생각을 알게 되고 그래서 선생님들이 학생들에 대해서 말씀하시는 것을 훨씬 잘 이해하게 되었습니다. 앞으로도 계속해서 일정 시간은 수업을 하려고 합니다. 그리고 아까도 언급했지만 교사들을 지원하는 행정을 잘 관리하고 격려하는 것이 저의 주된 역할입니다. 아마 일반적인 기독교 학교의 교장의 역할과 거의 같을 것입니다.

저는 여기에 하나를 더했습니다. 그것은 신앙적인 권위입니다. 김 기자님은 저희 학교가 통합교육 특성화학교로서 기독교적 기초 위에서 교육을 한다는 것을 이미 아셨을 것입니다. 그렇습니다. 저희 학교의 애당초 설립 목적은 책임 있는 그리스도의 제자를 키우는 것입니다. 이것은 넓게 보면 하나님의 나라가 확장되는 것이고 기독교 공동체가 넓어지는 것입니다. 저는 기독교 학교를 단순히 하나의 학교로만 보지 않습니다. 기독교 학교는 곧 기독교 공동체입니다. 왜냐 하면 기독교 학교가 성공하기 위해서는 기독교 가정, 지역교회가 도와 주지 않으면 안 되니까요. 이러한 의미에서 교장은 기독교 공동체인 기독교 학교의 영적인 대표성을 갖는 것이 좋다고 봅니다. 그래서 저도 그런 부분에 부족하지 않도록 늘 노력하고 있습니다.

동시에 조심해야 할 것은 교장이 신앙적인 권위를 가져야 하는 것이 언제나 절대적인 요구는 아니라는 것입니다. 학교에 따라 다 다른 역할이 있을 것입니다. 단지 저희 드림고등학교에서는 교장에게 그러한 역할이 더불어 있다는 것이지요.

잘 알았습니다. 참 좋은 모델이군요, 그런데 한 가지 의문이 있습니다. 학교에 대한 일반적인 결정은 지금 교장 선생님이 말씀하신 대로 전체 교사회의를 통해서 결정한다는 것은 알겠습니다. 그러면 그 이상의 결정은 어떻게 되나요?

좋은 질문입니다. 사실 학교에서 이루어지는 대부분의 결정 사항은 전체 교사회의를 통해서 결정할 수 있는 내용들입니다. 하지만 중요한 결정은 아무래도 이사회나 학부모, 후원회의 참여가 요구됩니다. 그래서 저희 학교는 학교운영위원회를 조직하여 운영하고 있습니다. 학교운영위원회는 이사회 3명, 교사 3명, 학부모 3명으로 구성되며 사회는 교장인 제가 보게 됩니다. 물론 교사와 학부모의 운영위원들은 각각 직접 투표를 통하여 선출됩니다. 또한 문제점을 미리 예방하는 차원에서 운영위원회의 임기는 2년 단임을 원칙으로 하고 있습니다. 한편 행정실과 후원회는 이사회의 몫으로 참여합니다. 학교운영위원회는 매달 초에 열리지만 주로 특별한 사안에 따라 비정기적으로 열리고 있습니다. 오늘도 학교운영위원회가 열릴 예정입니다.

학교운영위원회는 학교의 중요한 결정을 하는 동시에 학교의 재정 집행을 견제하는 역할도 하고 있습니다. 일반 학교의 경우는 학교의 재정 집행이 행정실과 이사회만의 업무이지만 저희 학교에서는 투명하고 공개적인 행정을 목적으로 하기 때문에 재정 집행도 투명하고 공개적으로 하려고 노력하고 있습니다. 그러한 의미에서 학교의 재정 사항은 매달 학교운영위원회를 통하여 공식적으로 보고됩니다. 또 그럴 수밖에 없는 것이 이사회, 교사, 학부모가 서로 협력하고 노력하지 않으면 학교를 제대로 운영해 가기가 어렵기 때문입니다. 그래서 저희 학교의 학교운영위원회에서는 이사회, 교사, 학부모가 서로 협력하고 격려하는 모습을 주로 보게 됩니다. 김 기자님도 괜찮으시면 오늘 열리는 학교운영위원회에 참여해 보시지요.

학교운영위원회를 통해 학교의 중요한 결정을 한다는 것은 좋은 방법인 것 같습니다. 그런데 학생들을 위한 결정에 정작 학생들이 참여하지 않는 것은 문제가 있는 것 아닌가요?

그렇지 않습니다. 저희들이 학생들의 참여를 원천적으로 제한하는 것은 아닙니다. 학생들이 깊이 관여되어 있는 사안에는 학생회 대표가 3명 참가하여 학교운영위원회가 열립니다. 예를 들면, 학교의 생활 규칙을 다시 개정하는 경우에는 반드시 학생회 대표를 참가시킵니다. 그래야만 정확한 현실에 기초하여 생활규칙을 새롭게 세울 수 있기 때문입니다. 하지만 학교운영위원회의 대부분의 사안은 학생들이 직접 참여하기엔 부담이 되는 경우가 있습니다. 그런 경우는 학생들이 참여할 수 없겠지요.

같은 의미로 저희는 졸업생회에도 학교운영위원회 참여를 요청할 예정입니다. 물론 아직까지 졸업생이 없기 때문에 계획 단계이지만 저희 생각은 저희 학교를 졸업한 사람들도 엄연한 저희 공동체의 일원이라는 것입니다. 그래서 그 분들의 지혜와 애정을 모을 수 있는 방안을 마련하고 있고 그러한 방법의 하나로 학교운영위원회에 옵서버로 참여하는 것을 생각 중에 있습니다. 방법은 학생회 대표들이 참여하는 것과 같이 그분들의 지혜와 애정이 필요한 경우에 학교운영위원회 참여를 요청하게 될 것입니다.

정말 좋은 의사결정구조를 가지고 계시는군요. 참 아까 둘러볼 때, 교감 선생님은 안 계신 것 같은데 선생님들은 어떻게 구성되어 있나요?

아시다시피 저희 학교의 전체 학생 수는 300명이 정원입니다. 작년에 설립되었으니까 지금은 1, 2학년에 200명이 다니고 있습니다. 선생님들은 국어, 영어, 수학, 사회, 과학에 각각 2명의 선생님이 계십니다. 저희 학교에서는 이 5개의 과목을 기본과목으로 결정하고 이 과목을 중심으로 통합교육이 이루어지기 때문에 2명의 선생님들이 각각 가르치고 있습니다. 그리고 컴퓨터, 역사, 음악, 미술, 체육 선생님이 각각 계십니다. 시간 수가 적은 다른 과목들은 주로 외부의 강사나 자원봉사자를 이용합니다. 여기에다 도서관에서 일하시는 사서 선생님이 계시니까 저를 포함하여 정교사는 17명입니다. 그리고 행정직원 4명, 조리사 1명, 시설관리 직원 3명을 포함하면 저희 학교의 전체 직원은 25명입니다. 적지 않지요? 또한 식당에서 일하시는 아주머니들을 포함하면 30여명이 됩니다. 사실 300명 규모의 학교에 30여 명의 인원은 대단히 높은 비율입니다.

그렇군요, 학교에 교무실이 없었는데 특별한 이유가 있나요?

예, 교무실이 없는 것이 저희 학교의 특징 중의 하나입니다. 별다르게 특별한 이유가 있는 것은 아닙니다. 새롭게 학교를 시작하는 마당이라 기존의 교무실을 그대로 이용하는 것에 문제를 제기하고 생각해 보았지요. 그랬더니 재미있는 결과가 나왔습니다. 대부분의 선생님들이 교무실보다는 교과 연구실이 더 필요하다는 의견을 나타냈습니다. 김 기자님도 잘 아시겠지만 지금 일반 학교의 교무실은 큰 공간에 전체 교사들이 모여 있어 어수선하고 수업연구에 몰두하기가 어렵습니다. 그러기에 조금이라도 의식이 있는 학교는 교무실을 나누어 선생님들이 필요한 공간을 확보하려고 하고 있습니다. 이러한 방향에도 부응하고 통합교육을 위해 연구하는 시간들이 많이 필요한 선생님들을 돕기 위해서 과감하게 전체 교무실을 없애고 교과 연구실을 만들었습니다.

처음에는 어떨까 걱정했는데 선생님들이 수업이 없는 시간을 유용하게 사용할 수 있어 오히려 효율적인 것 같습니다. 그리고 학생들이 수업이 끝난 후에 찾아가도 충분히 자유롭게 이야기를 나눌 수 있어서 학생들도 좋아합니다.

학생들과 선생님들에게는 좋겠습니다. 그런데 선생님이 교과 연구실에만 있으면 아무래도 교사들 간의 전체적인 의사소통에는 문제가 있을 것 같은데 선생님들의 모임은 어떻게 갖는지요?

좋은 지적입니다. 교과 연구실이 아무리 좋고 효과적이어도 전체 선생님들이 같은 공간에서 생활하는 것과 비교하여 보면 의사소통에 문제가 발생할 수 있을 것입니다. 그래서 저희 학교는 다양한 교사회의를 통하여 그러한 문제를 예방하고 있습니다.

김 기자님도 보셨듯이 교과 연구실이 있는 3층에 대회의실과 여러 개의 소회의실이 있습니다. 저희 학교는 그 곳을 이용하여 교사 회의를 엽니다. 아까도 말씀드렸듯이 전체 교사회의는 저희 학교의 의결회의입니다. 매주 월요일 수업을 마친 후 6시경에는 저녁식사를 한 후 전체 교사 회의가 대회의실에서 열립니다. 이 회의가 바로 학교의 전반적인 의사를 결정하는 회의로, 주요 의제는 일 주일 간의 학교 전반에 대한 것입니다. 행정실에서도 참여하여 함께 의논하고 결정합니다. 시간은 정하지 않지만 보통 2시간 정도 걸립니다. 저희 학교에서 가장 중요한 시간이기도 하지요. 학생징계 문제가 있으면 밤 9시를 넘기기도 합니다. 그만큼 자유로운 토론을 한 후 결정을 합니다. 물론 저도 참여합니다.

화요일에는 교과 회의가 있습니다. 저희 학교의 특성상 통합교육을 위해 교과 회의는 매우 중요합니다. 교과 회의는 원칙적으로 화요일 날 하되 각 교과 선생님들의 자율에 맡기는 편입니다. 교과 연구실이 있는 과목은 그 곳에서 하고 연구실이 없는 과목의 선생님들은 소회의실에 모여서 회의를 합니다. 수요일에는 업무 회의가 열립니다. 선생님들이 학교의 업무에서 완전히 자유로울 수가 없으므로 어느 정도의 업무는 담당해야 합니다. 그래서 비슷한 업무를 담당하는 선생님들이 모여 담당 행정직원과 함께 회의를 합니다. 업무 회의의 경우, 반드시 필요한 일이 아니면 가능한 한 모이는 횟수를 최소화하고 있습니다. 역시 장소는 교과 연구실이나 소회의실을 이용합니다. 그리고 목요일에는 학년 회의가 열립니다. 각 학년 담임 선생님들과 그 학년을 지원하는 선생님들이 모여 함께 논의하는 자리입니다. 각 학년에서 이루어지는 주요 일들을 결정하는 중요한 자리입니다.

마지막으로 금요일은 개인 연구시간입니다. 특별한 회의는 하지 않고 자신의 시간을 잠시라도 더 갖는 것입니다. 하지만 매달 마지막 금요일에는 연구 회의가 열립니다. 시간은 수업이 끝난 5시부터 2시간 정도 걸립니다. 한 달에 한 번 모이는 이 시간에는 과목별 연구과제를 돌아가면서 발표합니다. 어떤 선생님들은 자신의 수업을 공개하기도 합니다. 학교의 일정상 중요한 것이 있으면 그것에 관련된 연구발표를 하기도 합니다. 한 학기에 두 번 정도는 옆에 있는 교육 연구소에서 연구한 내용을 같이 발표하기도 합니다. 마지막으로 토요일은 교사 회의가 없는 날로 선생님 개인의 시간을 갖거나 교실에서 학생들과 함께 시간을 갖습니다.

이 학교 선생님들에게는 회의나 연구과제가 무척 많은 것 같은데요. 그런 많은 요구에 부응하다보면 지치는 선생님도 계실 것 같은데…?

그렇습니다. 김 기자님도 경험이 있어서 잘 아시겠지만 교사라는 일은 어찌 보면 쉬운 일 같지만 사실 참 어려운 일입니다. 거의 하루 종일 서 있으면서 하루에 3, 4시간씩 강의하고 남은 시간에 업무를 처리하고 교재 연구를 해야 하기 때문에 하루 일과가 끝나고 나면 녹초가 되기도 합니다. 게다가 저희 학교처럼 보다 근본적인 교육에 관심을 가지고 기독교 교육을 하기 위해 노력하는 경우는 사실 더합니다. 그래서 저희 학교는 꼭 필요한 회의만 소집하고 정해진 시간을 제외하고는 선생님들을 자유롭게 해 드리려고 노력합니다. 선생님 개인의 연구 시간이 없으면 수업의 질은 자연히 떨어지게 되고 더욱 지치게 될 것입니다.

그래서 앞서 말씀 드린대로 안식학기제를 도입하고 있습니다. 보통 안식년제는 6년을 일하고 1년을 쉬는 것인데 저희 학교는 3년을 근무하고 1학기를 쉬는 것으로 했습니다. 물론 한꺼번에 다 가질 수 없기 때문에 순차적으로 시행할 계획입니다. 아마 내년에 처음으로 안식학기를 갖는 선생님이 나올 것입니다. 선생님들이 안식학기를 갖기 위해서는 먼저 안식학기를 갖기 원하는 전 학기에 신청서를 제출해야 합니다. 이때 신청서에는 6개월 간의 안식학기 계획을 미리 세워 같이 제출합니다. 국내외의 유료 연수는 학교와 개인이 반반 부담하는 것을 원칙으로 하고 있습니다. 안식학기를 할 수 있는 최대 인원은 한 학기에 최대 2명으로 정하고 있으며, 순차적으로 가지게 됩니다. 지금은 개교한지 얼마 되지 않아 해당하는 분들이 없지만 앞으로 10년째 되는 해, 즉 두 번의 안식학기를 보낸 후에는 1년 간의 안식년을 실시할 계획으로 있습니다.

오늘 함께 온 누리 어머니가 이 학교는 많은 학부모들이 자원봉사를 나온다고 말했습니다. 보통 고등학교의 경우, 학부모들의 자원봉사나 참여가 크지 않은데 드림고등학교에서만 특별히 학부모들의 참여가 많은 이유가 있는지요?

제가 아까 학교를 안내하면서 어느 정도는 말씀을 드린 것 같습니다. 일단 저희 학교는 원칙적으로 학부모들의 학교 참여를 환영합니다. 왜냐하면 학교교육을 성공하기 위해서는 학부모의 적극적인 참여가 필수적이기 때문입니다. 일반 교육이론에서도 그렇지만 성경에서는 부모의 교육적 책임에 대해서 더욱 강조하고 있습니다. 하나님께서는 부모들에게 너희 자녀를 교육하라고 선언하십니다. 그러므로 자녀를 학교에 보냈다고 해서 학부모의 역할이 끝난 것은 아닙니다. 더구나 성공적인 기독교 교육을 위해서는 가정과 교회와 학교가 긴밀하게 협조해야 합니다. 따라서 학부모의 학교교육 참여는 당연한 것입니다. 저희는 신입생을 선발할 때, 이 문제를 구체적으로 학부모님에게 말씀드립니다. 지금까지는 대부분의 학부모님들이 저희들의 취지에 동감하고 잘 도와 주시고 계십니다.

그리고 구체적인 자원봉사나 활동은 학교에서 제시하지 않습니다. 단지 학교는 학부모회라는 조직을 구성하도록 학부모들을 격려하고 그렇게 조직된 학부모회에다 학교에서 필요한 부분을 말씀드립니다. 예를 들면, 식당에서의 식사준비와 배식, 도서관 정리, 학교 주변 정리, 특별활동 지도 등등에 필요한 인원을 정하여 알려 주면 학부모회에서 자체적으로 회의를 통하여 결정을 한 후 저희에게 알려 줍니다. 이러한 과정을 통하니까 학교나 학부모나 서로 부담이 없어서 좋고 신뢰도 생깁니다.

다른 학교의 경우, 학부모들이 교육과정이나 교과서 선택에 간섭하려고 해서 말썽을 빚은 적이 있는데 그런 문제는 아직 없었는지요?

예, 아직은 그런 문제가 없었습니다. 하지만 저희 학교에서도 앞으로 그런 문제가 발생하지 않으리라는 보장은 없습니다. 그러나 그러한 사건을 바라보는 데는 시각의 차이가 있습니다. 김 기자님께서는 그 사건을 부정적으로 보았는지 아니면 긍정적으로 보았는지 모르겠지만 제 관점은 긍정적입니다. 구체적인 내용이야 어찌되었든 학부모님들이 자신의 자녀들이 다니고 있는 학교에 관심을 갖기 시작했다는 증거 아니겠습니까? 물론 방법적으로 문제가 있을 수도 있습니다. 그러나 그 자체에 초점을 맞추기보다는 학부모님들이 학교교육에 관심을 가지기 시작했다는 의미를 더 강조하는 것이 좋을 듯 싶습니다. 방법상의 문제는 서로가 맞추어 가야겠지요.

하지만 역시 과제는 있습니다. 먼저 학부모의 입장에서는 학교의 교사들이 가지고 있는 기능성과 전문성을 인정해야 합니다. 설령 학부모가 수학을 가르치는 대학교수라도 고등학교에서 학생들에게 수학을 가르치는 데 있어서는 고등학교 교사의 기능성과 전문성을 넘어서지 못합니다. 기본적으로 이러한 관점 위에서 학부모들이 학교교육에 관심을 가지고 협력한다면 학교는 큰 도움을 얻을 것입니다.

반대로 교사들에게도 요구되는 것이 있습니다. 교사들은 학부모의 학교교육에 대한 참여 범위와 수준을 놓고 미리 한계를 정해서는 안 됩니다. 학부모가 교사의 기능성과 전문성을 인정해야 한다는 것은 학부모에게 해당하는 관점이지 교사가 주장해서는 안 되는 관점입니다. 교사는 교육의 권위가 하나님으로부터 가정에 위임되었다는 사실을 분명하게 인정해야 합니다. 그래서 학교에 오는 학생들의 교육적 책임은 가정에 있으며 학교는 그들을 기능적, 전문적으로 돕는다는 것을 확신해야 합니다. 그럴 때, 교육과정에 대한 학부모의 참여를 교사들이 먼저 요청할 수 있습니다. 이러한 과정을 통해 저희 학교는 학부모의 학교참여를 발전시켜 나갈 계획입니다.

그렇군요, 저는 학부모의 학교교육 참여가 교사들과 근본적으로 갈등을 일으키는 것이라 생각했는데 선생님의 말씀을 들으니까 다르게 생각되는군요. 정말 좋은 것을 배웠습니다. 그리고 아까 옥상에서 학생회실을 보았는데 학생회도 어떤 구체적인 활동을 하나요?

예, 학생회는 조직되어 있습니다. 그런데 아무래도 고등학교 시절이라

열성적인 활동이 있는 것은 아닙니다. 일단 학생회는 자치회의 성격입니다. 저희 학교의 학생회장 선거는 매우 재미있습니다. 각 학년에서 한 반에 2명의 대의원이 뽑히고 각 학년에서 뽑힌 24명의 대의원이 대의원회를 구성합니다. 이 대의원회가 전체 학생들의 의견을 수렴하는 창구 역할을 합니다. 매년 3월 마지막 주에는 학생회장 선거가 있습니다. 학생회장 후보는 5명의 대의원 추천을 받아 후보 등록을 하게 됩니다. 작년에는 교사들이 도와 주었는데 올해부터는 자체적으로 선거 위원회를 만들어 하고 있습니다. 3월 마지막 주 전까지 후보 등록을 하고 나면 월요일부터 수요일까지 자유롭게 유세를 할 수 있습니다. 그리고 목요일에 투표를 하고 금요일에 학생회장 취임식을 갖습니다.

학생들이 스스로 선거를 하는 것을 보면 참 재미있고 대견스럽습니다. 구체적인 학생회의 활동은 주로 자치에 관련되는 일이고 봄에는 부활절 축제, 가을에는 드림축전이라는 축제를 준비합니다.

축제가 있군요, 자세히 설명해 주시겠습니까?

예, 물론입니다. 저희 학교는 일 년에 두 번 축제를 엽니다. 매년 봄에는 기독교의 부활절을 축하하는 축제를 엽니다. 부활절 축제는 학교 전체적인 차원에서 이루어지기 때문에 학생회의 참여는 약간 적은 편입니다. 부활절 축제는 부활절이 있는 한 주 동안 열립니다. 단순히 신나는 축제가 아니라 예수 그리스도의 고난을 생각하는 다양한 프로그램이 펼쳐집니다. 영화 상영도 있고 연극 공연도 학교에서 열립니다. 또 기아에 허덕이는 사람들을 위한 모금 운동도 같이 열립니다. 서로에게 부활을 축하하는 엽서를 보내는 행사도 열리며, 마지막 날에는 예쁜 엽서 전시회도 열립니다. 예수님께서 부활하신 날을 기념하는 찬양 경연대회도 열리고 댄스 경연대회도 열립니다. 물론 음악은 어느 정도 제한을 하지요. 그리고 마지막으로 식당에서 전체 만찬을 하면서 마칩니다.

가을에 하는 드림축전이야말로 학생들이 스스로 하는 축제입니다. 기획부터 실행까지 거의 모든 일을 학생회에서 합니다. 축제의 주제는 매년 학생회에서 정합니다. 작년 드림축전의 주제는 '과학과 환경' 이었습니다. 아마도 '과학과 환경' 이라는 수업에서 힌트를 얻은 것 같습니다. 주제가 정해지면 어떻게 그것을 표현하고 홍보할 것인지를 준비하기 시작합니다. 그림이나 음악 공연을 준비하기도 하고 연극부는 연극을 준비합니다. 어떤 학생들은 구체적인 작품을 만들기도 합니다. 작년에는 환경 비누를 만든 학생들이 가장 인기를 끌었습니다. 3일 동안 하는 드림축전의 첫날은 개회 예배와 함께 체육대회가 열립니다. 모든 학생들과 선생님들이 참여하여 하루 동안 신나게 놀지요.

그리고 다른 학교가 끝나는 오후와 저녁에는 계획에 따라 공연이 열립니다. 둘째 날은 초청 강연이 있습니다. 주제에 맞는 강사를 미리 선정하여 오전과 오후에 각각 한 명씩 강연을 합니다. 저녁에는 첫날과 마찬가지로 공연이 열립니다. 마지막 날에는 학생회와 학부모회가 주최하는 바자회가 열려서 기아에 허덕이는 사람들을 위한 모금활동을 합니다. 그리고 3일 동안 전시되었던 학생들의 작품을 판매하여 역시 어려운 사람들을 위하여 사용합니다.

학생들이 무척 좋아하겠습니다. 우리 나라의 모든 학교가 드림고등학교처럼 신나는 학교가 되었으면 좋겠군요. 하지만 이런 학교를 세우고 운영하는 것이 쉽지는 않을 텐데 어떻게 운영하고 계신지 모르겠습니다. 혹시 말씀해 주실 수 있겠습니까?

글쎄요…. 학교의 운영 부분은 아무래도 제가 이야기하는 것이 자연스럽지 않을 텐데. 아! 마침 재단 이사회의 김 변호사님이 들어오시는군요. 저 분이 학교의 설립에 깊이 관여하셨던 분이니 한 번 물어 보세요.

김 변호사님, 이 쪽은 저희 학교를 취재하러 온 김 기자님입니다. 궁금한 것이 많으니 잘 좀 대답해 주시죠.

아, 그러세요. 부족하지만 알고 있는 범위에서 말씀해 드리겠습니다.

오늘 하루 드림고등학교를 잘 보았습니다. 그리고 교장 선생님의 친절한 설명으로 많은 것을 배웠습니다. 그런데 이런 학교를 운영하려면 상당히 많은 돈이 필요할 것 같은데 어떻게 학교를 운영하는지 궁금합니다.

사실 돈이 많이 듭니다. 잘 아시겠지만 저희 학교는 교육부가 인정하는 통합교육 특성화학교입니다. 따라서 일정 부분은 국가에서 교육지원비가 나옵니다. 하지만 저희가 워낙 학생을 적게 뽑으니 전체적인 면에서는 매우 부족합니다.

학교의 시설은 몇몇 교회의 지원을 받아 지었습니다. 그 대가로 학기 중에는 저희가 학교로 사용하고 방학 중에는 각 교회에서 방학 프로그램을 진행할 수 있도록 빌려주고 있습니다. 마치 청소년 수양관 같은 성격이지요. 서로가 도움을 받을 수 있어 좋은 방법입니다. 아마 여러 교회의 지원이 없었다면 학교를 세우기가 쉽지 않았을 것입니다.

그렇군요, 하기는 학교를 지을 만한 재정을 확보하기란 쉽지 않겠죠? 교회가 학교의 설립에 크게 기여했다면 아무래도 간섭이 있지 않겠습니까?

그런 질문을 자주 받습니다. 하지만 밖에서 생각하는 것과는 많이 다릅니다. 저희 드림고등학교 설립팀은 오래 전부터 서로 비전을 함께 나누어왔습니다. 그러한 과정에 진지한 토론의 장이 있었고 그 시간에 지금 말씀하신 문제들이 나왔었습니다. 그래서 저희들은 많은 토론을 거친 끝에 어떠한 일이 있어도 학교의 설립과 운영은 독립적이어야 한다는 기준을 세웠습니다. 그리고 그것을 위해서 노력해 왔습니다. 저희를 지원한 교회들은 이런 기본 방향을 알고 함께 협력하였습니다. 설립하기 전에 미리 기본적 일치에 도달한 셈이지요. 따라서 학교 설립을 위해 많은 돈을 투자한 교회들도 학교에 간섭하기보다는 오히려 학교가 잘되기를 기도하고 있으며 더 도우려고 합니다. 학교를 설립하는 주체와 학교를 운영하는 주체 사이의 갈등은 서로의 비전을 나누는 대화를 통해 충분히 해결할 수 있다고 봅니다.

그래도 학교를 운영하려면 시설 투자비 말고도 상당한 운영비가 있어야 할 텐데 어떤 방법으로 충당을 하는지 궁금합니다.

그렇습니다. 경상 운영비로 많은 돈이 들어갑니다. 제가 드림고등학교의 이사이자 학교법인 변호사입니다. 그래서 늘 신경이 쓰이는 게 매달 들어가는 경상 운영비입니다. 보통의 경우는 한 법인이 학교를 완전히 운영합니다. 그리고 사실 사립학교라고 해도 국가에서 거의 모든 운영비가 나오기 때문에 재정 걱정은 별로 하지 않습니다. 그러나 저희 학교 같은 경우는 특별한 목적을 가지고 있는 학교라 국가에서 운영비를 전액 지원해 주지 않습니다. 그렇다고 한 교회나 한 사람의 재력가에게 의지하는 것은 학교의 취지와도 맞지 않습니다.

그래서 저희들이 선택한 방법이 후원회 제도입니다. 저희 학교를 소개하는 자료를 보셨는지 모르겠지만 그 안에 후원회에 대해 자세히 소개되어 있습니다. 후원회원들은 저희 학교의 교육이념을 찬성하는 분들로 일정액을 정해 매달 후원하게 되며 각자의 형편에 따라 일 만원부터 수십만원까지 후원을 하고 있습니다. 때로는 교회가 전체적으로 후원하는 경우도 있습니다. 후원회라는 것이 고등학교에서는 낯선 개념이지만 후원회로 운영되는 학교가 저희 학교 외에도 전국에 몇 개 있는 것으로 알고 있습니다.

후원회를 통해 학교를 운영하고 있었군요, 정말 대단하십니다. 하지만 한편으로는 후원금이란 것이 유동적이라 학교 운영이 유동자금에 의지한다는 것은 좀 불안해 보입니다. 어떻게 생각하십니까?

김 기자님의 말씀이 맞습니다. 후원금은 유동적인 재정입니다. 그런 유동적인 재정에 학교의 운영이 전부 의존되어서는 안 됩니다. 학교의 일반적인 운영비는 국가의 지원과 재단 이사회에서 일정 부분 담당합니다. 그리고 남는 부분은 후원금으로 충당을 하는데 생각보다는 후원이 든든한 상태입니다. 현재까지 80% 이상의 후원률을 보이고 있습니다.

그래서 저희 학교는 후원회원을 잘 관리하기 위해 많은 연구를 하고 있습니다. 그 중의 하나가 일정 금액 이상의 후원자의 자녀에게는 학교 입학의 우선권을 주는 것입니다. 물론 후원자라고 해서 그 자녀들이 전원 입학되는 것은 아닙니다. 하지만 저희 학교를 입학하려고 할 때, 어떤 형태로든 혜택이 있어야 한다고 생각됩니다. 구체적인 방법은 더 연구하고 있습니다.

그리고 학교의 재정부담을 덜고 학부모들의 학교에 대한 참여를 유도하는 차원으로 입학부담금이라는 것을 운영하고 있습니다. 구체적인 내용은 신입생이 처음 학교에 입학할 때, 일정액을 학교에 적립하는 것입니다. 그리고 3년 후에 졸업할 때, 다시 찾아가는 것이지요. 이것을 통해서 재단은 일정액을 한꺼번에 운영할 수 있고 학부모는 자신의 자녀가 다니고 있는 학교에 깊은 관심을 보이게 됩니다. 처음에는 저희 안에서도 많은 논란이 있었지만 지금은 학부모들이 적극적으로 호응하여 성공적으로 정착되었습니다.

김 기자는 시간을 너무 많이 빼앗은 것 같아 죄송하기도 했지만 이 학교를 한 번 더 방문해 보고 싶은 생각에 교장 선생님께 한 번 더 방문해도 되겠느냐는 의사를 비쳤다. 교장 선생님은 일정표를 보시고 내일 저녁 시간이 괜찮다고 하셨다. 김 기자는 넌지시 내일은 드림고등학교의 교육이념과 철학들에 대해 알고 싶다고 했더니 교장 선생님은 반기시는 얼굴로 말씀하셨다.

"왜 그 질문을 하지 않을까 생각했습니다. 그 문제라면 제가 기꺼이 말씀해 드리지요. 우리 학교의 이념을 이야기 할 때마다, 저는 새로운 각오를 하게 되고 소망이 다시 일어나는 것 같습니다."

김 기자는 오늘 뭔가 신선한 충격을 받은 것 같았다. 희망 같은 것도 느꼈다. 심각한 한국의 교육상황, 그 해결을 어떻게 어디서 찾아야 할지 막막하다고 생각해 왔다. 그런데 드림고등학교는 그런 상황에 소망을 주는 것 같았다. 교사들의 헌신된 삶, 아이들의 밝은 모습, 삶의 진정한 가치를 추구하는 진지한 사람들, 자신들이 꿈꾸는 것을 실천하려고 애쓰는 그들의 모습…그들은 삶과 교육에 대해 어떤 생각을 하며 살아갈까? 무엇이 그런 모습으로 살아가게 할까? 아마 내일은 이런 이야기들을 들을 수 있겠지?

5장

학교의 주춧돌

김 기자는 드림고등학교가 기독교 학교이기 때문에 분명히 다른 대안학교들과는 다른 철학이나 신학적 입장을 표방하고 있을 거라고 생각하였다. 김 기자 자신도 기독교 대학에 다녔기 때문에 교양필수과목으로 기독교 신학에 대한 강의를 들은 적이 있었다. 신학이나 철학적인 문제는 보통의 학교 탐방에서는 자세하게 다루지 않는 것이 상례였지만 김 기자는 이 학교에 점점 흥미를 느꼈고 여러 가지 알고 싶은 것이 많았다. 그래서 다음날 잡지사의 일을 마무리하고 예정보다 조금 일찍 드림고등학교로 향했다. 학교에 도착해 보니 약속시간이 남아서 한 번 더 학교를 둘러보고 교장실로 향했다. 교장 선생님은 뭔가 적고 계시다가 김 기자를 보자 일어나시며 반갑게 인사하셨다.

교장 선생님, 저는 학교, 특히 교장 선생님이나 교사들을 보면서 이분들은 무슨 생각을 할까? 어떤 힘이나 이념이 이런 학교를 만들어 낼까? 하고 무척 궁금했습니다. 학교를 준비하는 과정에서도 이런 이야기들을 많이 나누셨을

것 같은데? 그 이야기를 좀 해 주시겠습니까?

글쎄요, 그 이야기를 하자면 사실 밤을 새도 부족하지요. 학교를 세우자면 재정확보, 학교건축, 교육과정 개발, 학생 모집을 위한 학부모 홍보, 교사 훈련, 학교 운영 조직 등 준비해야 할 것이 정말 많습니다. 하지만 저희가 가장 우선 순위를 두고 준비한 것은 신앙적 태도였습니다. 저희는 기독교 학교에서 가장 중요한 것은 역시 신앙이라고 생각했습니다. 이것은 비단 저희 학교만의 문제는 아니라고 생각합니다. 왜냐 하면 모든 기독교 학교교육이 시작되는 근거와 이유가 바로 신앙에 있기 때문입니다. 신앙은 기독교 학교교육이 왜 필요한지 그 존재 이유와 당위성을 설명하는 기초라고 할 수 있습니다. 그리고 이 신앙의 문제에서 일치가 있어야 사람들이 모여서 학교를 함께 할 수 있는 것입니다.

신앙을 한 마디로 어떻게 이해할 수 있을까요? 학교 안내문에 신앙고백이 적혀 있는 것을 보았는데 교장 선생님이 말씀하시는 학교의 기초가 되는 신앙이 그 신앙고백 안에 다 표현되어 있나요? 교사들의 신앙도 모두 일치하고 있나요?

네, 그렇습니다. 어떤 신앙고백을 하는가는 저희들에게 대단히 중요한 문제였습니다. 기독교 학교를 꿈꾸며 모여서 함께 연구했던 저희들 대부분은 각기 다른 교회를 다니고 있었고 다른 교단 배경을 가지고 있었습니다. 그러던 중 하나님께서는 저희들에게 동일한 비전을 주셨고 함께 모여서 기도하게 하셨습니다. 기독교 학교를 세우기 위한 준비를 시작했을 때, 우선 저희들은 공동의 신앙고백이 세워져야 할 필요를 느꼈습니다. 처음에는 어려운 일이라 생각했지만 실제로 신앙고백을 세우는 것은 그리 어렵지 않았습니다. 서로의 교단과 신앙의 배경은 달랐지만 모두 성경적 복음주의라는 공통점이 있었기 때문입니다. 저희는 아주 근본적인 기독교의 진리를 중심으로 세 가지 신앙고백을 세웠습니다.

간단히 말씀드린다면, 첫째로 저희들은 성경이 무오한 하나님의 말씀이라는 사실을 믿습니다. 둘째로 저희들은 성경이 말씀하는 대로 삼위의 하나님께서 세상을 창조하셨으며 역사를 주관하고 섭리하신다는 것을 믿습니다. 마지막 세번째로 저희들은 예수 그리스도를 믿음으로써만이 구원을 받으며 하나님을 영화롭게 하는 것이 삶의 목적이라는 것을 고백하고 있습니다. 저희들은 이 신앙고백이 아주 단순하지만 심오한 진리를 포괄하고 있으며 저희 학교의 신앙을 표현한다고 생각합니다.

신앙이 기독교 학교의 가장 근본적인 기초라는 것에 동의합니다. 그런데 그 '신앙' 이란 것이 알 것 같으면서도 한 마디로 정의하기 힘든 것 아닌가요? 신앙에 대해서 간단히 설명해 주실 수 있겠습니까?

그렇습니다. 신앙은 기독교 학교의 가장 기초적인 개념입니다. 한 마디로 신앙을 말한다면 그것은 바로 하나님을 아는 지식이라고 할 수 있습니다. 다른 말로 하면 하나님이 어떤 분인지를 아는 것이고, 하나님의 속성을 아는 것이라고도 할 수 있겠지요. 신앙의 가장 기본적인 지식은 하나님께서 살아 계시다는 것입니다. 곧 기자님은 하나님께서 살아 계시다는 것을 정말로 믿으십니까? 너무나 당연한 이야기 같지만 사실 심각한 질문입니다. 왜냐 하면 하나님께서 살아 계시다는 사실로부터 여러 가지 일들이 일어날 수 있고 그것을 믿는 정도에 따라 우리의 삶의 방향과 방식들이 달라지기 때문입니다.

우선 살아 계시다는 것은 무엇을 의미합니까? 그것은 지금도 하나님께서 보고, 듣고, 생각하고, 느끼고, 반응하시고, 일하고 계신다는 것입니다. 시편에서도 자주 나오듯이 하나님은 지금 우리에게 일어나고 있는 모든 일들에 관심을 갖고 주목하고 있으시며 직접적으로 관여하고 계십니다.

하나님께서는 모든 교육에 대해서도 마찬가지로 살아 계신 분이십니다. 학교교육에 대해서도 마찬가지입니다. 하나님은 우리가 인식하든 못하든 모든 것을 지켜보고 계십니다. 따라서 우리 기독교인들은 가르치는 일을 할 때 하나님께서 살아서 목도하고 계시다는 것을 인식하고 우리의 행동을 변화시켜야 할 것입니다. 우리는 언제나 '하나님 앞에'(coram Deo) 있다는 의식을 가지는 것이 중요합니다. 그런 의식을 가지고 있는 교사라면 당연히 자신이 할 수 있는 최선의 기독교적인 교육을 하려고 노력할 수밖에 없습니다.

신앙이란 곧 하나님을 안다는 것이군요. 하지만 하나님을 안다는 것이 어떤 것인지… 머리로, 지식적으로 아는 것을 의미하지는 않겠지요?

매우 중요한 질문입니다. 사실 교육과 가장 밀접한 관련을 갖는 질문이라고 할 수 있을 것입니다. 물론 하나님을 안다는 것은 머리로만 아는 것을 의미하지는 않습니다. 성경에서 하나님을 안다는 것은 보다 적극적이고 깊은 의미를 가지고 있지요. 마치 결혼한 여자가 남편을 알 듯이 그 사람을 객관적으로 알 뿐 아니라 주관적으로 아는 것까지 포함하는 것입니다. 하나님을 아는 지식은 요한일서에 나와 있는 대로 인격적인 사귐에서 나오는 지식입니다. 인격적인 지식은 전인적인 차원에서의 지식을 의미합니다.

기독교 교육을 하는 사람에게 이러한 앎이 없다면 그 교육은 피상적인 교육이 될 것입니다. 따라서 저희 학교도 여러 면에서 전인격적인 차원의 지식을 알기 위해 노력하고 있습니다. 기독교 학교교육을 하기 위해서는 교사들이나 학교 운영자들이 하나님에 대한 객관적 지식과 주관적 지식을 동시에 갖고 있어야 합니다.

네, 기독교 학교의 기초가 왜 신앙인지 조금은 이해가 되는군요. 그런데 하나님을 알아간다는 것도 어떤 기준이 있어야 할 것 같은데요. 요즘은 워낙 다양한 신학과 신앙이 있는 것 같은데 어떤 특별한 기준이 있나요?

사실 요즘은 이상한 신앙이 많아져서 분명한 기준이 필요합니다. 저희들은 모든 것에 대한 궁극적인 기준을 성경이라고 생각합니다. 종교개혁자들이 '오직 성경만으로(sola Scriptura)' 라는 원리를 천명한 뒤로 기독교는 이 성경이 하나님의 뜻을 계시하고 있다고 받아들여 왔습니다.

그러니까 '성경으로 돌아가라' 는 말씀이군요. 그러나 성경을 해석하는 데에도 여러 가지 방법이 있다고 하던데요. 드림고등학교는 성경을 어떻게 생각하고 있습니까?

아까도 말씀드렸듯이 우리는 성경이 무오한 하나님의 말씀이라고 고백합니다. 성경은 하나님께서 그의 사람들을 통해 우리가 이해할 수 있는 방식으로 하나님과 하나님께서 하신 일들에 대해 알려 주신 책입니다. 따라서 성경은 하나님에 대한 지식과 모든 삶에 대한 지식의 기준(Canon)이라고 할 수 있습니다. 그리고 나아가 성경은 더 적극적인 의미를 갖고 있습니다. 성경은 그 자체로 역사 하는 힘이 있습니다. 단순한 참고서나 법전 같은 것이 아니라 하나님의 능력이 담겨 있는 살아 있는 말씀입니다. 따라서 성경을 해석해서 가르치는 것도 좋지만 성경을 그대로 가르치는 것도 매우 중요합니다. 기독교 학교교육은 아무래도 전자에 초점을 맞추게 되겠지만 그렇다고 후자를 간과해서는 안 될 것입니다.

선생님들의 이러한 신앙의 모습은 인간관에도 상당한 영향을 미칠 것 같은데요. 사실 교육은 인간을 어떻게 바라보느냐에 따라 방향이 바뀌는 것 아닙니까? 교장 선생님은 인간을 어떻게 보십니까?

그렇습니다. 교육은 바로 인간을 어떻게 바라보느냐에 따라 달라집니다. 저희 학교의 교육철학은 인간에 대한 이해도 신앙에서부터 시작합니다. 우선 인간은 피조물입니다. 피조물이란 말은 단순히 만들어졌다는 것 뿐 아니라 어떤 모양으로, 어떤 질서대로 만들어졌다는 것을 내포합니다. 그 질서대로 살아갈 때에만 원래 만들어진 목적과 기능대로 살아갈 수 있으며 또한 조화롭게 살아갈 수 있습니다. 피조물들이 행하는 모든 것들이 이 질서 안에 있을 때 피조물들은 가장 안전하며 조화로운 세계를 영위할 수 있습니다. 따라서 학교교육을 포함한 모든 교육도 하나님의 창조 질서 가운데 있어야 합니다.

피조물이란 또한 창조주를 전제로 합니다. 즉 근본적인 소유권이 우리에게 있는 것이 아니라 원래 주인에게 있음을 의미하는 것이지요. 그리고 피조물이란 말은 또한 창조주에 대해 전적으로 의존적이라는 의미를 포함합니다. 그런데 인간이 이 전적인 의존성을 부인하고 창조주에게 불순종하는 원죄를 범하게 됩니다. 이것으로 인해 인간은 전적으로 타락하게 되지요. 이 타락에서 구원될 수 있는 것은 오로지 예수 그리스도의 구속을 믿는 것입니다.

사람들이 자기들끼리 뭔가 변화되기 위해 애쓰고 서로 영향을 주기 위해 노력하지만 사실상 그리스도에 의해 구원되지 못한 상태에서는 근본적인 변화가 일어나지 않습니다. 성경에 나와 있듯이 구원 이전의 인간은 영적으로 죽어 있는 상태입니다. 따라서 우리가 학생들을 변화시키기 원한다면 무엇보다 우선 그리스도를 믿음으로 구원에 이르도록 하는 것이 가장 중요하다고 할 수 있습니다.

기독교적인 인간관에 있어서 구원이 가장 중요한 요소인 것 같군요. 그렇더라도 학교가 구원만을 위해서 존재할 수는 없을 텐데, 학교교육에서 구원의 의미는 무엇인지 궁금합니다.

일반적으로 구원이란 칭의와 성화의 두 내용을 포함하고 있습니다. 칭의란 예수 그리스도를 믿음으로 의롭다 하심을 받는 것이고, 성화는 칭의 이후 그리스도인의 신분에 합당한 삶으로 변화되어 가는 것으로 모두 구원에 포함됩니다. 때때로 사람들은 이 두 가지를 분리해서 이야기합니다. 예를 들어 칭의 즉, 그리스도를 믿음으로써 하나님의 자녀로 인정받은 것만을 강조하여 구원을 값싼 것으로 만드는 사람들이 있습니다. 반대로 기독교 교육에 관심을 갖는 사람들은 오히려 지나치게 성화에만 관심을 갖는 경향이 있습니다. 아무래도 사람들을 보다 바람직한 방향으로 변화시키는 것에 관심을 가지다 보니까 훈련, 양육 등 성화에 많은 관심을 가지는 것 같습니다.

그러나 성화에 대한 우리의 관심은 항상 칭의에 기초한 것이어야 합니다. 우리의 성화과정 자체도 하나님의 의롭게 여겨 주심에 의해서만 인정될 수 있기 때문입니다. 우리는 성화의 각 단계가 항상 불완전하지만 그때마다 하나님은 칭의의 은혜로 그 성화를 받아 주신다는 것을 알아야 합니다. 이런 칭의의 측면이 약화되면 성화는 때로 인본주의적 노력 이상의 의미를 갖지 못하게 되는 경우도 있습니다.

결국 구원은 넓은 의미에서 저희 학교의 목적이라고 할 수 있고 나아가 모든 기독교 학교교육의 목적이라고 할 수 있습니다. 따라서 기독교 학교에서의 모든 활동과 사고는 칭의와 성화라는 구원의 두 측면을 균형 있게 드러내야 합니다. 저희 학교는 학생들이 단순히 성숙하는 것을 바라는 것이 아니라 그리스도의 생명에 기초하여 기독교적으로 성숙하도록 여러 면에서 노력하고 있습니다.

잘 들었습니다. 하지만 제 생각에는 드림고등학교의 교육 목적이 너무 신앙적인 측면만을 강조하는 것처럼 보입니다. 신앙적인 측면만을 너무 강조하다 보면, 학교에서 지성이나 정서 같은 부분들이 상대적으로 부수적인 것이 되는 것은 아닐까요?

그렇지 않습니다. 저희 학교가 신앙을 중시한다고 해서 다른 영역들을 무시하고 있는 것은 결코 아닙니다. 김 기자님도 저희 학교의 교육과정 내용을 보서서 아시겠지만 저희는 학생들의 지성적인 면과 정서적인 면을 골고루 잘 키울 수 있도록 노력하고 있습니다. 저희는 기본적으로 통합교육을 추구하고 있기 때문에 지성이나 감정, 신앙을 구분해서 교육하지는 않습니다. 하나님께서는 인간의 중요한 능력으로 지성과 정서를 주셨습니다. 그러므로 하나님을 중심으로 하는 신앙교육을 한다는 것은 자연스럽게 이러한 영역들을 포함하는 것입니다.

그래도 지금까지의 설명을 들어 보면 드림고등학교를 비롯한 대부분의 기독교 학교들은 종교를 너무 강조하는 것이 아닌지요? 어떤 사람들은 올바른 교육을 위해서는 교육이 종교로부터 독립해야 한다고들 하지 않습니까?

일반적으로 대부분의 기독교 학교가 종교교육을 중심으로 교육활동을 하는 것은 사실입니다. 그러나 사실 모든 교육은 종교적인 성격을 가지고 있다고 할 수 있습니다. 단지 차이는 기독교적인 교육인가, 아니면 비기독교적인 교육인가 하는 것입니다. 모더니즘이라는 사상은 교육이 중립적이고 과학적이기 위해 사실만 가르쳐야 한다고 주장하였습니다. 그러나 우리는 이러한 모더니즘의 주장이 얼마나 잘못되었는 지를 잘 알고 있습니다. 아마 김 기자님도 잘 아실 것입니다. 교육은 본질상 전적으로 객관적인 사실만을 가르칠 수 없습니다. 어떤 사실을 가르칠 때는 반드시 가르치는 자의 가치가 전제되어 있습니다. 그 예로 우리는 현재의 교과서 내용을 편파적이라고 주장하지 않습니까?

그렇습니다. 이 세상에는 어떤 철학이나 세계관을 전제하지 않은 교육은 존재하지 않습니다. 그것이 바른 세계관에 기초하든, 잘못된 세계관에 기초하든 상관없이 모든 교육은 종교적인 것입니다.

따라서 학교는 하나님을 인정하고 그분께 영광 돌리는 장소이거나 하나님이 아닌 피조물을 경배하는 우상숭배의 장소이거나 둘 중 하나라고 할 수 있습니다. 예를 들어, 요즘의 일반 학교들은 대체로 인본주의나 혹은 무신론을 숭배하는 곳이라고 부를 수 있겠지요. 그러므로 일반 학교에서 배우는 지식은 중립적인 것이라는 주장은 잘못된 것입니다. 일반 학교에서 배우는 지식은 가치나 종교적으로 중립적인 것이 아니라 인본주의의 가치를 따르는 지식이며 무신론을 추종하는 지식인 것입니다. 역사적으로 현대교육은 교육의 과학화라는 미명으로 종교적인 성격을 탈피하는 경향으로 일관해 왔습니다. 이것이 바로 근대교육의 비극이라고도 할 수 있습니다.

교육의 가치중립성이란 실제로는 불가능한 일종의 신화입니다. 따라서 요즘 같은 다원주의 사회에서는 각각의 교육의 가치와 성격을 명백히 하는 것이 필요하다고 봅니다.

　모든 교육은 종교적이기 때문에 결국 중립적일 수 없다는 말씀이군요. 결국 교육이란 일종의 지식 전달이라고도 할 수 있는데, 기독교 학교에서는 지식의 전달을 어떤 의미로 보는지 알고 싶습니다.

　기독교 학교에서는 지식의 전달에도 신앙적인 의미를 부여합니다. 지식이나 지성은 그 자체로 자율적이거나 독립적인 가치를 가지고 있지 않습니다. 그러므로 기독교 학교에서의 지식의 전달은 '신앙을 찾아가는 지성'(fides quaerens intellectum)이라는 유명한 말처럼 신앙의 근거 위에서 이루어져야 합니다.

　기독교사는 자신이 가지고 있는 기독교적인 가치관에 근거해서 각자의 전문성을 개발하고 교과목을 연구해야 합니다. 하나님을 중심에 둔 기독교 학교는 교실에서 이루어지는 모든 내용 속에 기독교적인 원리를 포함하고 있어야 합니다. 이러한 것들은 기독교 학교의 정체성을 유지하고 더욱 발전시키기 위해서도 매우 중요한 사실입니다. 기독교사들은 학생들로 하여금 성경이라는 안경을 끼고 역사, 과학, 문화, 사회 등을 바라보게 할 뿐만 아니라 다른 사람들과 자신의 삶, 그리고 하나님이 만드신 모든 세계를 바라볼 수 있도록 도와야 합니다. 이러한 관점에서 저희 드림고등학교는 교사들에게 어느 기독교 학교보다 더 강한 요구를 하고 있습니다.

　정말 기독교 학교란 모든 면에서 성경적인 의미를 가져야 하는군요. 그런데 기독교 학교의 역할을 일반은총이나 문화명령과 관련해서 설명할 수 있을까요?

　예, 가능합니다. 일반적으로 교회는 사람들을 불러 회개하고 믿게 하며, 신앙 안에서 성장하도록 합니다. 이는 특별은총에 해당하는 사역입니다. 그러나 법, 정치, 의학, 교육 등과 같은 인간사의 영역은 일반은총의 영역으로 구분됩니다. 일반은총은 특별은총과 같은 구원의 사역은 아니지만 창조주 하나님의 크신 경륜 속에서 동일한 하나님의 뜻을 내포합니다. 하나님께서 우리에게 허락하신 일반은총에는 하나님의 질서가 존재하고 있습니다. 그러므로 교육에는 이미 하나님의 질서가 존재하고 있는 셈입니다.

하나님은 교육이라는 영역에서도 하나님의 뜻과 질서가 온전히 드러나기를 바라고 계십니다. 그리고 그러한 것은 우리 기독교인들의 마땅한 사명입니다. 따라서 모든 기독교인들은 교육에 하나님의 창조질서가 회복되도록 노력해야 합니다. 이것은 하나님께서 우리에게 주신 문화명령을 따르는 것입니다. 그리고 이러한 일을 위한 특별한 책임을 가지고 있는 곳이 바로 학교입니다.

기독교 학교만이 아니라 교육의 온전한 회복을 위해 가정과 지역교회가 유기적으로 협력해야 합니다. 하나님의 문화명령이 어느 한 집단에게만 내려지는 법은 없습니다. 하나님의 문화명령은 모든 기독교인들에게 주어진 책임입니다. 따라서 교육에 대한 하나님의 마음을 밝히 드러내는 것은 모든 기독교 공동체의 몫입니다. 기독교 학교는 그와 같은 책임에 더 가까이 있을 뿐입니다.

잘 알겠습니다. 그런데, 학교교육이 일반은총의 성격을 가지고 있다면, 굳이 기독교 학교라는 별도의 기관을 만들기보다는 기존의 학교를 이용하는 것이 어떤지요? 기독교 학교가 꼭 필요한 것인가요?

물론 기독교사들은 일반학교에서 교육을 할 때도 하나님의 질서를 반영해야 합니다. 그것은 분명한 책임이며 하나님이 기뻐하시는 일입니다. 그러나 보다 적극적으로 하나님의 나라가 학교교육에 임하기 위해서 기독교 학교가 필요합니다. 특히 오늘날과 같이 세속화된 사회에서는 일반 학교에서 하나님의 질서를 반영하는 것이 점점 어려워져가고 있습니다. 모든 학교교육이 하나님의 것이지만 상징적인 의미로나 실제적인 의미에서 성경적인 기독교 학교는 반드시 필요한 일입니다.

기독교 학교가 필요한 이유에 대해 좀 더 설명을 하겠습니다. 우선 하나님께서 창조하신 이 세계에 대한 이해로부터 기독교 학교는 필요합니다. 거의 모든 학교교육은 과학의 이론적 근거로 진화론적인 사고를 가르치고 있습니다. 그것에 의하면 이 세상은 우연히 자연적으로 발생하였으며 무생물에서 생물로 진화하였습니다. 나아가 학교는 인간에 대하여 진화된 동물에 불과하다는 진화론적 무신론의 전파장이 되고 있습니다.

그러나 기독교 학교는 창조주이신 하나님께서 창조하신 이 세계에는 분명한 목적이 있고 역시 인간에게도 분명한 목적이 있다고 주장합니다. 이러한 상황 아래 기독교 학교에서는 학생들을 하나님께 대하여 책임 있는 그리스도의 제자로 부르심을 받은 존재로서 봅니다. 이러한 청지기의 부르심이 기독교 교육의 출발점입니다. 아무리 교회나 가정에서 기독교적인 교육을 한다고 해도 학교에서 정반대의 교육을 받는다면, 우리의 아이들은 온전한 기독교인이 되기 어려울 것입니다.

기독교 학교가 필요한 두 번째 이유는, 모든 기독교인들에게 자신들의 자녀를 주의 교양과 훈계로 교육해야 할 사명이 있다는 것입니다. 모든 기독교인들은 자신의 자녀들이 하나님을 경외하고 하나님께 영광을 돌리도록 교육해야 합니다. 이를 위해서는 교회에 출석하는 것만이 아니라 사고하는 것과 인생의 모든 영역에서 하나님께 영광을 돌리고 하나님과 동행하는 훈련을 하는 것이 필요합니다. 학교교육에 있어서도 마찬가지입니다. 우리의 자녀들은 학교에서도 하나님께 영광을 돌리는 삶을 배워야 합니다. 기독교인들은 자신의 아이들이 기독교 공동체에서 건강하게 자라도록 준비시켜야 합니다. 그러기 위해서는 우리의 아이들에게 하나님과 동행하는 교실이 필요하며 기독교 학교는 그러한 것을 보장해 줍니다.

그렇군요, 기독교 학교의 필요성이 그렇게 많은지 잘 몰랐습니다. 그런데, 아까 설명을 할 때, 학교를 '공동체' 라는 말로 표현하셨습니다. 무슨 특별한 이유라도 있나요? 있다면 설명해 주시겠습니까?

예, 그렇습니다. 기독교 학교는 다른 학교들과는 달리 믿음의 공동체라는 특성을 가지고 있습니다. 기독교 학교는 이해 관계를 중심으로 모였다기보다는 믿음의 고백 아래 교육에 관심이 있는 사람들이 모인 것이기 때문에 근본적으로 기독교적인 공동체의 성격을 가지고 있습니다. 교회가 예수 그리스도의 몸인 것처럼 기독교 학교도 예수 그리스도의 몸입니다. 기독교 학교는 교사, 학생, 학부모, 행정가 등의 다양한 사람들이 모여 있지만 각자가 하나의 지체로서 기능하고 연합하여 살아갑니다. 바로 이것이 저희 드림고등학교가 설립을 준비하면서 최우선으로 생각하였던 것입니다. 저희는 각자 예수님의 몸의 지체로서 한 몸을 이루기 위해 노력하였습니다. 그리고 그 하나됨을 통하여 하나님께서 역사하셨고 드림고등학교를 허락하여 주셨습니다.

교장 선생님의 설명을 들어 보니 기독고 학교는 교회와 비슷한 성격을 가지고 있는 것 같습니다. 어떤 공통점이 있고 또 어떤 차이점이 있는지 설명해 주

실 수 있습니까?

기독교 학교는 넓은 의미에서 교회의 일부라고 할 수 있습니다. 그러나 전문 교육기관이란 점에서 기독교 학교는 교회와 차이점을 가지고 있습니다. 기본적으로 학교는 인간 삶의 여러 부문 중에서 교육이라는 영역에 집중하고 있습니다. 또한 학교는 교육에 필요한 전문적인 기술과 방법을 축적하고 그것을 효과적으로 전수하는 것을 고유한 기능으로 합니다. 이에 비해 교회의 주된 기능은 하나님을 찬양하고 예배하는 것입니다. 나아가 교회는 하나님의 말씀을 선포하고 전달하는 기능도 가지고 있습니다.

기독교 학교는 같은 진리를 가르치고 궁극적인 목적을 같이 하지만 분명 교회와는 다른 고유한 역할이 있습니다. 기독교 학교는 교회와 협력하는 것이 필요하고 또한 교회는 기독교 학교의 고유한 역할을 존중하며 돕는 것이 필요하다고 봅니다. 서로 간의 협력과 균형이 매우 중요하지요. 저희 드림고등학교도 이런 균형에 신경을 쓰며 교회들과의 협력을 도모하고 있습니다.

교장 선생님 말씀을 듣다 보니 꼭 신학강의를 듣고 있는 것 같습니다. 지금부터는 그런 신앙적 입장들이 어떻게 드림고등학교에 나타나는지 알고 싶습니다. 우선 교장 선생님께서 생각하시는 기독교 학교의 기본이념을 한 마디로 말씀해 주시겠습니까?

기독교 학교의 교육이념은 한 마디로 신본주의 교육이라고 하겠습니다. 이는 흔히 일반 교육이 추구하는 인본주의와 대조되는 이념입니다. 기독교 학교의 교육이념으로서 신본주의는 교육이 인간을 중심으로 일어나는 것이 아니라 하나님을 중심으로 행해지는 것을 의미합니다. 하나님을 중심으로 하는 교육은 교육의 주체가 인간이 아니라 하나님이며 그 궁극적인 목적도 역시 하나님께 있습니다. 또한 교육의 내용이나 방법도 하나님의 뜻과 진리에 근거한다는 것을 의미합니다.

그렇다면, 그런 신본주의는 모든 기독교 학교의 기본 이념이 되어야 한다고 보십니까? 아니면 드림고등학교 만의 독특한 교육이념인가요?

저는 개인적으로 모든 기독교 학교가 신본주의에 입각해야 한다고 생각하고 있습니다.

그러면 신본주의 교육이란 매우 중요한 이념이군요. 좀더 자세히 설명해 주시겠습니까?

신본주의는 하나님의 뜻과 법에 그 기초를 두는 것입니다. 하나님의 뜻과 법을 알 수 있는 길은 하나님의 특별 계시인 성경을 통해서입니다. 물론 성경이 교육학의 전문서적이 아니기 때문에 교육에 관한 상세한 것이 모두 다 기록되어 있는 것은 아닙니다. 하지만 우리는 성경을 통해서 교육에 대한 충분하고도 적절한 아이디어를 얻을 수 있습니다. 바로 이러한 것이 기독교 세계관에 입각한 교육을 의미합니다.

기독교 세계관은 쉽게 말하자면 창조 - 타락 - 구속이라는 인식의 틀을 의미합니다. 이 세계는 하나님의 창조하심에 의하여 존재가 부여되었고 하나님의 뜻에 불순종함으로 타락하여 죄의 지배를 받게 되었습니다. 그러나 하나님께서는 은혜를 베푸셔서 예수 그리스도를 십자가의 대속 제물로 보내어 인류가 구원받을 수 있는 길을 열어 놓으셨습니다. 이러한 세계관에 입각한 교육은 바로 성경이 말하고 있는 진리에 입각한 교육입니다.

그런데 아무래도 신본주의 교육이 성경에 충실한 교육을 의미한다면 그것은 시대에 뒤떨어질 위험이 있지 않는지 염려가 됩니다. 그렇지는 않겠지요?

종종 그렇게 오해하시는 분들이 있습니다. 하지만 그것은 오해입니다. 예를 들면 기독교 학교에서 음악을 가르칠 때, 음악의 근원과 목적, 기능 등에 대해 성경적인 내용을 바탕으로 가르칠 것입니다. 그렇다고 음악 시간에 성경에 나오지 않는 악기를 사용하지 않을 수 있습니까? 당연히 그럴 수 없습니다. 우리가 사는 시대가 성경의 시대와 다르다고 하여 역사적인 제한을 한다면, 그것은 어리석은 일입니다. 하나님이 역사의 창조자이십니다. 성경이 쓰여질 당시의 역사는 물론이고 지금의 역사도 하나님의 주관 아래 있습니다. 따라서 성경의 역사적 특징만을 고집하는 것은 옳지 못합니다. 문제는 성경에 나와 있는 역사적 사건들의 기독교적인 의미입니다.

우리는 하나님을 찬양하기 위해 드럼이나 신시사이저를 사용할 수도 있습니다. 문제는 그러한 악기를 다루는 우리들의 마음과 동기가 올바른가 하는 것입니다. 이 세상의 모든 것들은 하나님을 위해 사용될 때, 참된 의미와 가치가 있습니다. 기독교 학교의 모든 생활도 마찬가지입니다. 우리는 항상 성경에서 말하고 있는 도덕적이며 윤리적인 기준을 내세워야 합니다. 그렇다고 성경 시대로 되돌아가자는 것은 아닙니다. 그러므로 공부를 할 때, 운동을 할 때, 그리고 음식을 먹을 때도 기독교적인 세계관을 생각하여 행동하는 것이 중요합니다. 이런 생각에 따라 저희 학교에서 이루어지는 모든 교육활동은 전혀 시대에 뒤떨어지지 않습니다.

그러한 교육을 통해 이루어가려는 인간상, 즉 구원 이후에 성숙을 통해 구현

되기를 바라는 인간상을 한 마디로 표현하라면 어떻게 말씀해 주실 수 있을까요?

저희 학교에서 교육을 통해 이루어가려는 인간상은 하나님을 사랑하고 이웃을 사랑하는 사람입니다. 이것은 기본적으로 성경에 기초를 두고 있습니다. 신본주의적 인간의 가장 근본적인 성격은 하나님께 의존된 인간입니다. 근대적 인본주의에 기초한 교육이 자율성, 독립성, 주체성을 강조하는 것과는 대조적으로 신본주의에 기초한 인간상은 하나님께 의지하고 부모의 권위와 교사의 권위를 인정하는 모습입니다. 기독교 학교에서 바라보는 인간상은 독립된 개체로서가 아니라 관계 속에서 자신의 정체성을 형성하는 존재입니다. 그러한 인간은 하나님의 피조물이며 예수의 십자가의 대속으로 구원받은 자녀입니다. 나아가 인간 사회를 구성하는 하나의 인원이며 하나님이 맡기신 자연을 관리하는 자입니다.

반면 인본주의 교육이 추구하는 인간은 독립적이고 자율적인 인간입니다. 그러한 인본주의 교육은 인간의 자율성을 최대로 보장하지만 결국에 가서는 자신의 딜레마에 빠져 망하고 맙니다. 그러나 기독교 학교에서 추구하는 인간상은 하나님을 신뢰하고 하나님께 순종하는 사람입니다. 그러한 사람들은 하나님께서 주신 권위에 순종하고 기쁨으로 이웃을 섬깁니다.

다원주의 사회에서의 신본주의 교육, 신본주의 인간이라... 참으로 어려운 것을 생각하고 계시군요. 이런 교육이 실제로 가능하다고 생각하십니까? 드림고등학교에서는 어떻습니까?

김 기자님 말씀처럼 쉬운 일은 아닙니다. 그러나 반드시 필요한 일입니다. 오늘날 같은 다원주의 사회에서는 더욱 필요한 일입니다. 기독교를 믿지 않는 사람들은 그렇다 치더라도 신앙을 가지고 있는 사람들도 온전한 모습을 가지기란 쉽지 않습니다. 그만큼 가치관의 혼동과 부재에 기독교인들이 흔들리고 있다는 것입니다. 다원주의가 팽배한 현대는 모든 권위를 상대화시키고 있습니다. 그 중에서도 교육은 더욱 피폐해가고 있습니다. 종교적으로 중립적이라는 미명하에 모든 교육적 활동은 그 가치와 의미를 잃어가고 있습니다. 이러한 상황에서 우리 기독교인들은 바로 서야 하겠습니다. 신본주의를 표방하는 기독교 학교교육은 하나님의 마음이자 창조 질서의 회복입니다. 왜곡된 창조 질서를 다시 세우는 데는 힘이 들기 마련입니다. 하지만 그러한 모습이 원래의 모습이었기 때문에 불가능한 것은 결코 아닙니다.

우리는 기독교 정신에 입각하여 출발했지만 지금은 인본주의 교육의 최정상을 달리고 있는 미국의 많은 유명 사립대학들을 보게 됩니다. 국내에서도 선교사들에 의해 세워졌지만 형식적인 예배만이 남아 있는 학교들을 흔하게 볼 수 있습니다. 이러한 상황에서 기독교 학교에 대한 기대와 당위성은 이루 말할 수 없을 정도입니다. 하나님께서 원하시는 교육이 바로 이 땅 위에서 이루어져야 한다고 봅니다. 그러기 위해서는 하나님에 대한 전적인 의존과 순종이 따라야 합니다.

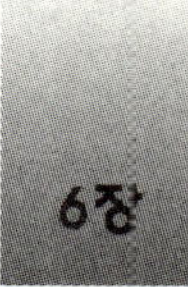

학교의 푯대

보통 기독교 학교라면 기독교적인 정신 위에 세워진 학교를 지칭합니다. 그런데 교장 선생님 설명을 들으면 기독교적인 정신 위에 세워진 학교가 반드시 기독교 학교는 아닌 것 같습니다. 그렇지 않나요?

정확히 보셨습니다. 일반적으로는 기독교 정신 위에 세워진 모든 학교를 기독교 학교라고 말합니다. 하지만 엄밀한 의미에서는 기독교적인 정신을 표방한다고 해서 모두 기독교 학교인 것은 아닙니다. 기독교 정신을 드러낸다는 것은 실제적으로 어떤 모습을 보여야 함을 의미합니다. 그러나 우리 나라에 있는 대부분의 기독고 학교의 경우에는 정신적으로는 기독교 학교임을 주장하지만 그 모습을 실제로 드러내는 학교는 거의 없는 것이 현실입니다.

한 학교가 기독교 학교라는 말은 그 학교의 건학 이념부터 교육과정, 교육행정 등 모든 부분에 있어 기독교적인 모습을 나타내는 것을 의미합니다. 학교의 건학 이념이 기독교적인 정신이라는 것 하나만으로 그 학교를 기독교 학교라고 부를 수는 없습니다. 따라서 저희 드림고등학교도 명목상의 기독교 학교가 아니라 실질적인 기독교 학교가 되기 위해 모든 면에서 기독교적인 모습을 드러내도록 노력하고 있습니다.

네, 그렇군요. 기독교 학교는 기존의 미션 스쿨과도 다른 것이겠지요? 어떤 점에서 다른지 구체적으로 설명해 주시겠습니까?

기독교 학교나 미션 스쿨은 모두 기독교적 정신에 입각해서 세워진 학교라는 점에서는 큰 차이가 없습니다. 그러나 기독교적인 정신을 표현하고 드러내는 모습에 있어서 기독교 학교와 미션 스쿨은 엄청난 차이를 가지고 있습니다. 기독교인을 포함하여 일반인들은 학교에서 성경을 가르치고 예배를 드리면 모두 기독교 학교라고 생각하고 있습니다. 그러나 성경을 가르치고 예배를 드린다는 것이 학교의 기독교 정신을 보장하는 것은 아닙니다. 그래서 저희 학교를 기독교 학교라고 소개하면 많은 사람들이 기존의 미션 스쿨과의 차이에 대해서 물어 봅니다.

우선적인 차이는 기존의 미션 스쿨이 공교육의 체제를 벗어나지 못하고 있다는 점입니다. 우리 나라의 대부분의 미션 스쿨들은 궁극적으로 선교를 목적으로 세워졌습니다. 그리고 그 방법으로 학교에 교목을 두고 예배를 드리거나 성경을 가르치고 있습니다. 미션 스쿨은 선교적으로 매우 중요한 기관입니다. 그러나 공교육 체제를 그대로 받아들인다는 점에서 그 한계를 분명하게 드러내고 있습니다. 따라서 교육과정이나 교육행정, 전반적인 교육환경에 있어서 전혀 기독교적인 색채를 낼 수가 없습니다. 그러므로 다른 일반 학교들과 거의 차이가 없는 셈이지요.

반면에 저희 학교를 비롯한 기독교 학교는 공교육으로부터 자유로운 교육을 하게 됩니다. 기독교적 세계관에 입각한 학교의 교육 목표를 세우는 것은 물론이고 교육 과정의 편성과 운영, 그리고 가르치는 내용에 있어서도 철저하게 기독교 세계관에 따라 행하게 됩니다. 물론 이런 교육을 위해 자체적으로 교과서를 선택하거나 제작하기도 합니다. 하지만 아직까지는 모든 면에서 기독교적인 교육을 하는 것은 아닙니다. 저희 학교는 특성화고등학교로서 공교육으로부터 자유로운 교육은 하지만 아직은 많은 부분에서 부족합니다.

그리고 구조적으로 기독교 학교는 작은 학교를 지향합니다. 올바른 기독교 학교를 하기 위해서는 자연히 학교가 작아져야 합니다.

그렇다면, 신앙교육에서도 기독교 학교는 미션 스쿨과 다른 점이 있겠군요?

예, 차이가 있습니다. 일반적으로 미션 스쿨은 예배, 성경시간을 중심으로 신앙교육을 하고 그 외의 교육활동은 공교육과 특별한 차이가 없습니다. 그러나 기독교 학교는 이런 형태의 모습과는 다른 모습을 갖고 있습니다. 저희 학교를 중심으로 설명을 드리겠습니다. 저희는 신앙교육이 예배와 성경공부만을 통해서 이루어진다그 생각하지 않습니다. 기독교 학교는 예수 그리스도를 주로 고백하는 신앙의 토대 위에 기초하고 있기 때문에 모든 학교의 교육활동에는 복음의 진리가 숨겨져 있습니다. 그래서 저희 드림고등학교는 성경공부와 예배 또는 행사만을 통한 신앙교육이 아니라 학생들의 생활과 교육과정 속에 기독교적인 세계관을 심어 학생들의 신앙을 지도하고 있습니다.

저희 학교의 신앙교육의 기초는 매일 아침에 이루어지는 성경읽기와 묵상입니다. 학생들은 매일 아침 담임 선생님과 같이 성경을 읽고 묵상합니다. 이 시간을 통하여 학생들은 성경에 대한 이해를 넓히고 학교의 모든 생활에 응용할 수 있는 기독교적인 적용을 시도하게 됩니다. 또한 기독교적인 안목을 가지고 세상을 바라보고 그것에 따라 생활할 수 있도록 학생들은 1학년 때 기독교 세계관을 공부합니다. 물론 입학식, 개학식, 방학식 같은 행사와 중요한 기독교 절기 때에는 반드시 예배를 드립니다. 또한 모든 학생들로 교회에 출석하도록 지도하여 책임 있는 그리스도의 제자로 자라는 데 부족한 점이 없도록 최선을 다하고 있습니다.

아! 그렇군요, 이제는 어느 정도 이 학교가 가지고 있는 특수성을 알겠습니다. 한 마디로 온통 기독교적 세계관으로 무장되어 있는 학교군요. 그런데 학생들이 잘 호응하고 있나요? 아무래도 학생들에게는 좀 무리한 요구가 될 수도 있을 것 같은데요?

저희 학교의 학생 대부분은 기독교 신앙을 가지고 있는 학생들이라 그런 문제는 없습니다. 그러나 일부 신앙을 가지고 있지 않는 학생들의 경우, 상담을 하다 보면 학교의 기독교적인 교육을 완전히 이해하지 못하는 경우도 있는 것 같습니다. 저희 학교는 비기독교인이라도 학교의 건립 이념과 교육목적에 동의하고 학교에서 행하여지는 모든 교육적 활동에 적극 참여한다는 동의가 있으면 입학할 수 있습니다. 학생이 기독교 신앙을 가지고 있고 부모가 신앙이 없는 경우나, 부모가 신앙을 가지고 있고 학생이 신앙이 없는 경우는 모두 학교의 교육이념에 찬동한다는 각서를 제출해야만 입학이 허락됩니다. 기독교 학교란 본질적으로 하나님에 의해 세워진 학교이고 학교의 주인 또한 하나님이기 때문에 하나님의 법에 순종할 줄 아는 사람만이 입학할 수 있습니다. 대부분의 학생들은 학교의 교육방식을 좋아하고 있습니다.

요사이 대안학교들이 유행처럼 세워지고 있습니다. 드림고등학교도 기독교

적 색채가 가미된 또 다른 대안학교가 아닙니까?

그렇지 않습니다. 대안학교의 기본적인 개념은 공교육에 대해서 비판적인 대안교육을 하는 학교를 의미합니다. 그래서 대부분의 대안학교의 경우, 기존의 공교육을 인정하거나 아니면 공교육을 완전히 무시하는 입장을 취합니다. 그러나 기독교 학교는 다릅니다. 기독교 교육의 입장에서는 공교육, 다시 말해서 학교교육이라는 교육의 장을 완전히 바꾸는 것이 목적입니다. 모든 학교교육에서 기독교적인 교육이 이루어지기를 바라는 것이지 단지 몇 개의 학교에서만 기독교 교육이 이루어지는 것에 만족하지 않습니다. 그런 면에서 기독교 학교는 대안 학교와는 다릅니다. 그렇다고 기독교적인 대안교육을 하는 학교가 기독교 학교가 아니라고 주장하는 것은 결코 아닙니다.

한편 현재 우리 나라에서 일어나고 있는 대안교육은 주로 현 공교육 체제에서 소외되거나 적응하지 못하는 학생들을 위한 프로그램으로 운영됩니다. 그리고 대부분의 경우, 자연주의나 생태주의를 표방하는 곳이 많아 기독교 교육을 하는 기독교 학교와는 여러 면에서 차이가 있습니다.

그런 면에서 우리는 통합교육 특성화 학교라는 구조를 사용하고 있습니다. 이는 교육부가 인정하는 특수한 교육을 하는 정규 고등학교로 여러 면에서 일반 고등학교와 비슷한 모습을 가지고 있습니다. 그러나 그 내용에서는 전혀 다른 모습을 가지고 있습니다. 저희 학교에서는 학문 간의 통합은 물론이고 내용 간의 통합이 이루어집니다. 나아가 학문과 신앙의 통합도 학교의 중요한 목적이 됩니다.

통합교육은 이미 실시되고 있는 내용 아닌가요? 성격과 분야가 비슷한 교과

목끼리 통합하여 교육과정이 짜여져 있고 실제로 단위학교에서 실시되고 있는 것으로 알고 있습니다. 드림고등학교가 추구하는 통합교육의 원리는 무엇인지요?

저희는 수직적 통합과 수평적 통합을 동시에 이루고자 합니다. 수직적 통합이라는 것은 모든 진리가 하나님께 속해 있으므로 모든 교과목을 하나님의 말씀 안에서 통합할 수 있다는 의미입니다. 그리고 수평적 통합은 각 교과목끼리 기독교 세계관 안에서 통합하여 하나님의 창조 질서의 원리를 드러낸다는 것을 의미합니다. 그래서 저희 학교는 모든 교과목을 기독교 세계관 위에서 새롭게 정리하는 작업에서부터 각 교과목 간의 통합에 이르기까지 실질적이고 온전한 통합이 이루어지도록 최선을 다하고 있습니다.

아마도 저희 학교의 교육과정표를 보시면 충분히 이해하실 수 있을 것입니다. '문학과 인생', '인간과 역사', '나와 우리', '생각과 실천', '창작과 예술', '느낌과 표현' 같은 과목들이 바로 신앙과 학문을 통합한 과목들입니다.

그렇군요, 참 독특한 과목들입니다. 그런데 이런 교육과정을 따라 기독교 교육을 한다면, 당장 학생들의 대학 입시에 상당한 문제가 있지 않을까요? 혹시 학부모들의 항의라든지 아니면 학생들의 반발은 없습니까?

예, 아직까지는 그런 문제가 발생하지 않았습니다. 우선 저희 학교에 자녀들을 보내는 학부모들은 의식이 깨어 있습니다. 그래서인지 자녀들을 꼭 좋은 대학에 보내야겠다는 생각보다는 올바른 기독교 교육을 받았으면 하는 마음이 많아서 큰 문제를 제기하지는 않습니다. 하지만 학부모들이 관심을 가지고 있는 부분도 있습니다. 그것은 기독교 교육이 좋은 대학을 보장하지는 못한다 하더라도 일정 수준 이상의 학력은 보장해 주어야 한다는 것입니다.

 하지만 저희는 그 부분에 있어서 자신이 있습니다. 저희 학교에서 이루어지는 통합교육은 하늘에서 떨어진 어떤 개념들을 가르치는 것이 아닙니다. 기존에 학생들이 배우던 내용을 통합이라는 방법으로 바꾸어 교육하는 것입니다. 그리고 교과목을 기독교 세계관에 근거해서 가르치는 경우에도, 일반적인 지식은 거의 포함됩니다. 실제로 어떤 기독교 과학자는 기존의 대학입시 시험문제를 살펴본 결과 기독교적인 교육을 하더라도 문제를 푸는 데는 전혀 어려움이 없다고 주장했습니다.

 저희 학교는 기본적으로 대학입시를 목적으로 하지는 않습니다. 하지만 학업 성취력이 높은 학생들의 경우, 그들이 원하는 수준의 교육을 제공하고 있습니다. 학업에 대한 관심은 하나님께서 주신 달란트 중의 하나입니다. 따라서 학력 차이가 있는 학생들을 각자의 수준에 맞추어 교육하는 것은 기독교 학교의 중요한 과제 중의 하나입니다.

교장 선생님의 말씀은 충분히 공감이 갑니다. 하지만 우리 나라 교육의 여건과 학부모들의 정서를 고려할 때 대학 입시에서 좋은 성적을 내지 못한다면 결코 좋은 학교로 발전하기 어려우리라 생각됩니다. 드림고등학교의 이상적인 설립 정신과 현실적인 요구인 좋은 입시 성적과의 갈등을 어떻게 해결하시겠습니까?

 김 기자님이 하신 질문은 저희가 학교 설립을 준비할 때부터 많은 사람들이 제기한 질문이었습니다. 그래서 저희도 오랫동안 깊이 있는 논의를 해왔습니다. 그 결과 저희는 신앙과 인격의 깊이, 그리고 학문의 수월성을 동시에 추구하기로 결론을 내렸습니다. 혹자는 이 두 개념이 서로 대립적인 것이 아니냐고 말하지만 두 개념은 결코 대립관계에 있지 않습니다.

저희는 학생들이 스스로 공부해야 할 분명한 이유와 공부하는 방법에 대해 깨닫도록 격려해 줍니다. 저희가 추구하는 교육은 열 가지의 교육적 정보들을 단순하게 주입시키기는 교육보다는 필요한 정보를 습득할 수 있는 원리와 방법을 익힐 수 있는 판단력을 길러 주는 교육입니다. 저희는 저희 학교의 졸업생들이 대학입시에서 다른 학교의 학생들보다 뒤질 거라고 생각해 본 적이 없습니다. 기독교적인 통합교육을 한다고 해서 결코 학력적으로 처지는 것은 아니기 때문입니다.

'책임 있는 그리스도의 제자' 라는 드림고등학교의 교훈이 참 마음에 듭니다. 지금 우리 사회에는 상당수의 기독교인들이 있지만 실제로 우리 사회에 영향을 미치는 기독교인들은 그렇게 많지 않아 보입니다. 이러한 관점에서 교훈을 더 설명해 주시겠습니까?

학교의 교훈을 무엇으로 할까? 하고 많은 고민을 하다가 '책임 있는 그리스도의 제자' 로 결정을 했습니다. 말 그대로 책임 있는 그리스도의 제자를 키워 내려는 목적입니다. 약간은 추상적인 표현이지만 '책임 있는 그리스도의 제자' 라는 교훈이 담고 있는 의미는 매우 실제적입니다.

저희 학교가 적어도 기독교 세계관 위에 설립된 학교라면 먼저 학생들로 하여금 이 세상은 하나님이 창조하셨으며 그것을 올바르게 볼 수 있는 성경적인 안목을 갖도록 격려해야 한다고 생각합니다. 동시에 선한 청지기로서 세상에 대한 책임 의식을 가지고 살아가며 하나님 나라를 이 땅에 건설할 수 있는 능력을 길러 주어야 합니다. 저희 학교는 이런 교육을 한다는 것을 선언하는 의미에서 교훈을 '책임 있는 그리스도의 제자'

라고 정했던 것입니다.

그런 일반적인 이유 외에 보다 더 구체적인 이유가 있을까요?

김 기자님은 우리 주변에 신앙과 삶이 혼연일체가 되어 하나님 나라의 건설을 위하여 선한 도구가 되고 있는 사람들이 얼마나 많다고 생각하십니까? 교회에 나가는 사람들은 많으나 솔직히 하나님의 능력을 덧입고 사는 사람들은 찾아보기 힘듭니다. 그래서 우리 사회는 갈수록 악해지고 하나님의 공의와 예수 그리스도의 사랑이 점점 더 드러나지 않고 있는지도 모르겠습니다. 우리 사회가 이러한 모습을 가지고 있는 것의 일차적인 책임은 기독교인들과 교회에 있다고 생각합니다. 건강한 기독교 공동체와 건강한 교회에서 건강한 기독교인이 배출됩니다. 따라서 저희 학교를 비롯한 기독교 학교는 그 책임이 막중하다고 하겠습니다. 이 사회를 지도하고 이끌어나갈 건강한 기독교인들을 양성하기 위해서 기독교 학교는 최선을 다해야 할 것입니다.

잘 알겠습니다. 그렇다면 '책임 있는 그리스도인의 제자' 란 실제적으로 어떤 모습을 의미하는 것인가요?

중요한 질문입니다. '책임 있는 그리스도의 제자' 란 먼저 그리스도의 인격을 닮은 인간입니다. 그리스도의 인격을 닮은 인간이란 일반 교육에서 지향하고 있는 전인격적인 인간 즉, 지·덕·체가 조화롭게 형성된 인간과 유사하지만, 저희 학교에서는 지·덕·체의 세 요소가 참된 생명력을 지닐 수 있도록 하는 영적인 면을 제일 중시하고 있다는 점에서 구별된다고 하겠습니다.

둘째는 복음을 증거하는 사람이 참된 그리스도의 제자입니다. 저희 학교에서 교육받은 학생들이 세상 사람들에게 직접적으로 복음을 전하거나 아니면 자신의 구체적이고 헌신된 삶을 통해서 전도할 것이라고 믿고 있습니다. 어떤 모습으로든 복음을 전하는 모습은 제자의 모습입니다.

셋째는 능력 있는 사람입니다. 제가 말하는 능력이란 자기가 속한 공동체를 하나님께서 기뻐하시는 모습으로 변화시킬 수 있는 힘을 말합니다. 올바르게 하나님의 교육을 받은 사람이라면 그 사람의 삶의 자리에서 하나님의 나라가 건설되어야 한다고 생각합니다. 저는 개인적으로 기독교인이 비기독교인들보다 더 실력이 있어야 한다고 생각합니다. 사회를 변화시킬 수 있는 힘, 하나님의 공의를 실천할 수 있는 능력, 하나님의 나라를 건설하는데 자신을 기꺼이 드릴 수 있는 용기, 이런 것들이 진정한 실력이 아닐까요? 그렇기 때문에 저희 학교는 하나님께나 사람들에게 진정으로 유익을 끼치는 값진 교육의 장(場)인 것입니다.

마지막으로 '책임 있는 그리스도의 제자' 는 섬기는 사람입니다. 이 세상에서 가장 고귀한 가치 중의 하나는 섬김이라고 생각합니다. 이는 예수 그리스도께서 십자가에 달리시기까지 하면서 우리에게 보여 주시고 가르치신 교훈입니다. 진정한 기독교인들은 예수 그리스도의 사랑에 붙잡힌 바 되어 그 분이 보여 주신 사랑을 이웃과 사회를 위해 실천할 수 있어야 합니다. 저희 학교는 학생들이 이러한 모습을 갖도록 기도하며 노력하고 있습니다.

어떤 사람들은 드림고등학교를 보고 기존의 학교들이 추구하고 있는 엘리트 교육에 기독교라는 옷을 입힌 것에 불과한 것이 아니냐고 생각할 수도 있을 것 같은데요? 어떻게 생각하십니까?

통상 엘리트 교육이라고 하면 보통 학생들과 다른 우수한 학생들만을

선발하여 미래의 지도자를 교육한다고 생각합니다. 그러나 저희 드림고
등학교는 그런 의미에서 전혀 엘리트 교육을 하지 않고 있습니다. 저희
는 자신의 삶의 구체적인 영역 속에서 그리스도의 모범을 보여 다른 사
람들과 사회를 변화시키는 학생들을 교육하는 것을 목적으로 합니다. 그
렇기 때문에 우수한 학생들을 받아들여 사회의 지도층을 길러내는 엘리
트 교육과는 근본적으로 다릅니다.

하나님께서는 모든 사람들에게 믿음의 분량대로 능력을 주셨고 또 은
사를 주셨습니다. 이를 하나님의 뜻에 맞게 최대한 사용하여 하나님의
영광을 드러내는 것이 인간의 삶의 목적이 아닌가요? 저는 진정한 기독
교인들이라면 모두 엘리트라고 생각합니다. 신분에 있어서나, 부르심에
있어서 그러할 때 능력에 있어서도 그러하지 않겠습니까? 다른 점이 있
다면 세속의 엘리트가 능력을 기준으로 하는 것이라면, 기독교인 엘리트
는 섬김을 기준으로 하는 점이겠지요.

**교장 선생님, 아무리 훌륭한 교육 목표가 있다고 하더라도 그것을 학생들에
게 잘 교육하는 것은 어려운 문제라고 생각합니다. 드림고등학교에서는 어떠
한 방법을 이용하여 학생들을 교육하고 있나요?**

저희 학교에서 내세우는 첫 번째 원리는 모든 교육활동에 있어서 그리
스도의 지체 원리를 제일 앞세우는 것입니다. 다른 말로 표현하면, 공동
체의 원리라고 할 수 있습니다. 앞에서도 이야기를 했던 것 같은데 학교
를 단순히 하나의 사회로 보지 말고 신앙 공동체로 보자는 의미입니다.
그럴 때, 학생들과 교사들은 그리스도의 지체들로서 서로 연합하고 섬기
게 되어 진정한 교육이 이루어집니다.

두 번째 원리는 평등의 원리입니다. 저희 학교에서는 학생의 능력과 실

력의 차이에 따라 다르게 대우하지 않습니다. 중요한 것은 하나님께서 각 개인에게 주신 달란트를 어떻게 사용하느냐는 것입니다. 저희는 또한 달란트의 우열의 차이도 인정하지 않습니다. 저희는 어떤 달란트는 중요하고 어떤 달란트는 중요하지 않다라는 인식을 강력하게 거부합니다. 어떤 달란트든 하나님께 감사하고 사용할 때, 가장 아름답게 빛나는 것입니다.

세 번째 원리는 참여의 원리입니다. 요즘 일반 고등학교에서 학생들이 적극적으로 수업에 참여하는 것을 보기란 참으로 어렵습니다. 이런 모습 때문에 세간에서는 학교교육에 대해 '교육을 거부하는 학생, 교육을 포기하는 학교' 라는 말로 비웃고 있습니다. 저희 드림고등학교는 이러한 문제점을 극복하기 위해 다양한 교수 학습 방법의 연구, 적절한 동기유발을 시도하고 있습니다. '느낌과 표현' 이라는 수업은 바로 이러한 참여의 원리가 그대로 나타나고 있는 수업입니다.

네 번째 원리는 자율성의 원리입니다. 하나님께서는 인간을 노예나 타율적인 존재로 창조하시지 않았습니다. 인간은 자율적 능력을 가지고 있는 만큼 하나님과의 관계 안에서 그러한 능력을 잘 발휘해야 합니다. 그러므로 저희 학교에서는 학생들의 자율성을 최대한 존중하고 이를 계발하여 하나님의 영광이 드러나도록 교육하고 있습니다.

다섯 번째 원리는 협동의 원리입니다. 공부를 잘하는 학생과 못하는 학생이 함께 협력하고, 교사와 학생이 함께 협력하고, 학부모와 교사가 협력하며, 이웃과 교회가 함께 협력하는 학습의 장을 저희들은 학교 공동체로 정의하고 있습니다. 그래서 학부모들이 학교에 와서 봉사하기도 하고 지역 주민들을 모셔서 수업할 계획을 가지고 있습니다.

여섯 번째 원리는 달란트의 원리입니다. 아까도 말했지만 저희 학교는 모든 학생들이 스스로의 달란트를 어떻게 계발하고 사용할 것인가에 관심을 기울이도록 하고 있습니다. 만약 어떤 학생이 만화 그리는 것을 좋아한다면, 만화를 통하여 하나님과 이웃을 섬길 수 있도록 개별 지도를 하거나 아니면 동아리 활동을 통하여 자신의 소질을 개발할 수 있도록 돕고 있습니다. 어떤 달란트를 가지고 있는지는 별로 중요하지 않습니다. 그것을 어떻게 발전시킬 것인지가 중요한 일입니다. 그리고 그것에 최선을 다하는 학생들이 바로 저희 학교의 희망입니다.

마지막 원리는 체험의 원리입니다. 저희 학교에서는 삶의 현장 가운데로 학생들을 이끌어 갑니다. 학생들은 그 곳에서 학교에서 배운 지식들을 구체적으로 체험함으로 생명력 있는 지식을 얻을 수 있습니다. 일반 학교에서의 형식적인 봉사활동과는 달리 저희 학교에서는 통합교과를 통하여 학문과 현실 그리고 지식과 행동을 결부시키고 있습니다.

이러한 모든 원리는 저희 학교의 선생님들이 교육연구소에서 함께 연구하면서 얻은 결론입니다. 결국 모든 교육은 성경적인 바탕 위에서 이루어져야 하며 그것을 해석하는 과정에서 위의 원리들이 나오게 된 것입니다.

교장 선생님의 말씀을 들으니 뭔가 도전을 받게 됩니다. 저도 같은 그리스도인으로서 저의 삶을 돌아보게 됩니다. 그런데 사실 어차피 종말이 온다면 그때까지 열심히 복음을 전하면 되지 굳이 기독교 학교를 힘들게 세울 필요가 있을까 라는 질문도 가능할 것 같은데요?

물론 그렇게 생각할 수도 있습니다. 하지만 기독교사들은 하나님의 나라가 임하기를 기도하는 사람으로서 또 교육에 부르심을 받은 사람으로서 학교교육에 대한 부담을 계속 느끼게 될 것입니다.

하나님 나라는 두 가지 언어로 표현됩니다. 그것은 '이미'라는 단어와 '아직'이라는 단어입니다. 하나님 나라는 '이미' 우리의 삶 가운데 도래했습니다. 그러나 그 완전한 모습을 보기 위해서는 '아직' 주님의 재림 때까지 기다려야 합니다. 어차피 종말은 올 것입니다. 기독교인들은 이 종말을 그 누구보다 간절히 기다리는 사람들입니다. 그러나 우리는 하늘만 바라보고 있어서는 안 됩니다. 우리의 삶의 현장 속에서 그 때까지 열심히 살아가야 합니다. 전도도 해야 합니다. 그보다 귀한 사역은 없습니다. 그러나 복음을 전하는 사역이 우리의 일상적, 교육적 삶과 분리되어서는 안 됩니다. 하나님의 나라는 우리의 삶 전체에 임하는 것이지 영적인 것에만 임하는 것이 아니기 때문입니다. 따라서 학교교육을 포함해서 우리의 삶은 하나님의 뜻 가운데 주님 오시는 그 날까지 회복되어 가야 합니다.

잘 들었습니다. 드림고등학교가 더욱 발전하고 설립 목적이 온전하게 이루어지기를 진심으로 바랍니다. 마지막으로 드림고등학교같은 기독교 학교를 세우고자 하는 사람들에게 격려의 말씀을 해 주신다면 어떤 것이 있을까요?

글쎄요… 기독교 학교는 우리의 꿈이 아니라 하나님의 마음입니다. 저희는 드림고등학교를 설립하면서 많은 것을 배울 수 있었습니다. 저희가 볼 때 가능한 것은 불가능하게 되고 불가능하게 보였던 것은 가능하게 된 적이 한두 번이 아닙니다. 결국 저희에게 기독교 학교를 세우도록 마음을 주신 분도 하나님이시고, 우리를 통해 그러한 꿈을 이루어가는 분도 하나님이십니다. 그러므로 만약 기독교 학교를 세우고 싶다는 마음을 가지고 계신 분이 있으면 주저하지 마시고 시작하십시오. 하나님께서 도우실 것입니다. 단 하나님이 주신 마음으로 시작해야 합니다. 인간적인 마음으로 시작하면 반드시 멈추게 됩니다.

다음은 저희 학교가 전부가 아니라는 것입니다. 저희 드림고등학교는 기독교 학교의 한 형태에 불과합니다. 어떤 학교는 저희 학교보다 훨씬 훌륭하게 세워질 수 있고 운영되어질 수 있습니다. 저희처럼 후원회를 구성하지 않는 학교도 있을 수 있습니다. 그러므로 기독교 학교에 관심이 있는 분이 계시다면, 저희 학교를 모델로 보지 마십시오. 단지 저희 학교가 가지고 있는 기독교적인 정신만을 보시고 지역적인 상황, 교회적인 상황, 재정적인 상황을 고려하여 학교를 시작하십시오. 우리에게 중요한 것은 어떤 모습의 학교인가가 아니고 어떤 내용을 가지고 있는가 입니다.

김 기자는 오랜 시간을 허락하신 교장 선생님께 다시 한 번 감사를 표하고 학교를 나섰다. 마음에는 뭔가 아직은 알 수 없는 묵직한 것이 느껴지고 기독교인으로서의 자신의 삶을 다시 돌아보아야겠다는 생각도 하며 오늘 인터뷰 내용을 정리하기 위해 사무실로 향했다.

『김 기자의 편지』

교장 선생님께, 평안하신지요?

김지혜 기자입니다. 지난 번에는 정말 감사했습니다. 긴 시간 동안 성실히 답해 주시던 모습은 너무나 인상적이었고 그 모습 속에서 선생님의 삶과 교육철학들을 느낄 수 있었습니다. 학교탐방은 지금의 저에게는 단순한 탐방 이상의 의미를 갖게 되었습니다. 저는 그날 이후 저의 직업과 신앙, 하나님과의 관계 등에 대해 심각하게 묻고 생각하고 있습니다. 이 학교에 대한 기사가 다른 사람들에게도 저에게와 같은 도전을 주었으면 좋겠네요.

한국교육이 황폐하고 왜곡되어 있다고 말하는 사람들은 항상 많이 있어 왔습니다. 그러나 그러한 어두움 속에서 빛을 보는 사람은 많지 않습니다. 또한 꿈을 가지는 사람은 더욱 없었습니다. 모두들 쉽게 좌절하고 포기하는 것이지요. 그러나 제가 그 학교에서 만난 분들은 빛을 따라가고 꿈을 이루어 가고 있는 분들이었습니다. 대부분의 사람들은 어두움 속에 오래 있으면 그것에 익숙해져서 더 이상 빛이 필요 없는 사람처럼 살아갑니다. 그런데 선생님들은 그렇지 않았습니다. 참으로 알 수 없는 힘이 선생님들을 이끌어 가고 있는 것 같았는데 지금 생각해 보면 하나님의 힘이었다는 생각이 듭니다. 이제는 빛도 꿈도 능력도 하나님께로부터 오는 것을 알았습니다. 그분께 소당을 두면 우리의 어두운 현실 가운데에서도 충분한 가능성이 있다는 것을 알게 되었습니다.

얼마 전 어떤 기독교사 단체에서 '기독교사만이 희망이다' 라는 제목으로 수련회를 했습니다. 참으로 담대한 선포라고 생각했습니다. 그 담대함 또한 하나님께로부터 나오는 것이겠지요. 하나님에 대한 믿음에서 말입니다. 믿음 안에서 꿈을 가지고 대가를 치루며 그것을 이루어 가려는 사람들…. 그런 사람들이 있기 때문에 한국 사회, 한국 교육은 희망이 있다고 생각합니다.

저도 그들 가운데 한 사람으로 있기를 원하며 이런 기회를 주신 하나님께 감사드립니다. 빠른 시일 내에 다시 한 번 개인적으로 찾아 뵙고 싶습니다.

주님의 평안이 선생님과 드림고등학교에 늘 함께 하시길 바랍니다. 평안하십시오.

김지혜 기자 올림

기독교 학교 설립을 위한 기독교학교연구회

1. 발기 취지문

"이 땅의 교육계에 하나님의 나라가 임하시기를 대망하며…"

어떤 이는 학교교육이 무너졌다고 합니다. 어떤 이는 2002년이 되면 학교교육이 이상적으로 탈바꿈할 것이라고 합니다. 그러나 우리는 압니다. 이런 말들이 아주 오래 전부터 있어 왔다는 사실을. 참교육의 옹골찬 외침도, 교육개혁의 강력한 칼날도 우리의 학교를 변화시키기에는 턱없이 유약할 수밖에 없음을.

빼앗긴 조선을 성경 위에 다시 세우고자 몸을 던졌던 신앙의 선조들처럼, 우리 역시 학교를 성경 위에 다시 세우고자 나섰습니다. 우리의 후손들이 배우며 살아야 할 그 곳이 거룩한 곳이기에 주님의 나라가 임하기를 간절히 기도합니다.

지혜와 힘이 부족한 소수의 무리가 오직 안타까와하는 심정으로 모임을 시작합니다. 하나님의 말씀이 무너진 학교의 울타리를 튼실하게 세워나갈 것임을 믿는 믿음만이 우리의 힘이 됩니다. 성경이 토대된 교육과정, 교육행정, 교육방법을 갖는 학교를 꿈꾸어 봅니다. 무엇보다 하나님의 말씀으로 충만한 선생이 뜨거운 열정으로 학생을 가르칠 그런 학교를 만들고자 합니다. 하나님께서 우리의 작은 모임을 통해 이 땅의 교육계에 큰 변화가 생기기를 소망합니다.

2. 신앙고백

우리가 꿈꾸는 기독교 학교는 예수 그리스도를 믿음으로써만 구원이 가능하다는 순수한 복음주의적 신앙 위에 기초하고 있습니다. 그래서 이 학교에서 이루어지는 모든 교육은 기독교적인 세계관 위에 기초하여 이루어집니다. 우리들은 이 학교를 통하여 하나님의 나라가 온전히 이루어지기를 소망합니다.

따라서 저희들은 이렇게 하나님 앞에서 고백합니다.

하나, 우리는 성경이 무오한 하나님의 말씀이라는 사실을 믿습니다.

둘, 우리는 성경이 말씀하는 대로 삼위의 하나님께서 세상을 창조하셨으며 역사를 주관하고 섭리하고 계시다는 것을 믿습니다.

셋, 우리는 예수 그리스도를 믿음으로써만 구원 받으며 하나님을 영화롭게 하는 것이 삶의 목적임을 고백합니다.

3. 지금까지의 활동

- 1998년 5월 2일, 서대문의 ACTS 교육연구원에서 첫 모임 시작
- 98년 5월, 현 학교제도의 문제점들에 대한 논의
- 98년 6월, 국내의 기독교 학교에 대한 논의(동산, 영락, 풀무, 경복여상)
- 98년 7월, 외국의 기독교 학교에 대한 사례발표(현은자 교수)

- 98년 8월, 강원대학교에서 열렸던 기독교사대회에서 선택식 강의
- 98년 9월, 기독교 학교의 교육철학에 대한 논의
- 98년 10월, 기독교 학교의 교육과정에 대한 논의
- 98년 11월, 기독교 학교의 교육행정에 대한 논의
- 98년 12월, 기독교 학교의 교육시설에 대한 논의
- 99년 1월, 기독교 학교의 교육방법에 대한 논의
- 99년 2월, 경기도 양평에서 99년의 활동에 대한 논의(M.T.)
- 99년 3월, 구체적인 활동을 위해 기독교학교연구회로 확대 발전
- 99년 4월, N. Weeks의 "The Christian School : An Introduction"를 번역하기로 하고 하반기 출판을 목적으로 작업에 들어감
- 99년 5월, 기독교 학교를 위한 핸드북 작업을 시작함
- 99년 6월, 핸드북 작업의 일환으로 "우리가 꿈꾸는 기독교 학교 "를 책으로 출판하기로 하고 작업에 들어감
- 99년 12월, 기독교 통합교과인 '나와 우리' 과목 개발작업 착수

4. 앞으로의 활동

- 한국적 상황에 맞는 기독교 학교 핸드북 제작
- 기독교적인 교육과정을 위한 모임 개설 및 지원
- 기독교 학교에 관심 있는 교사, 학부모, 교역자들을 위한 프로그램 개설
- 기독교적인 교육과정의 개발 및 자료 제작
- 다양한 정보의 교환 및 운동의 확산을 위한 인터넷 홈페이지 개설
- 학교설립을 생각하는 교회와의 긴밀한 협조

5. 기독교 학교 설립을 위한 중장기 계획

▶ 1999년

1) 기독교 학교 소개 책자 발간

2) 회원의 준비를 위한 연구 활동

3) 기도 후원회 모임, 교육 과정 개발을 위한 준비 모임

▶ 2000년

1) 회원의 준비를 위한 연구 활동

2) 대외 홍보

3) 재정 후원회 결성

4) 학부모 모임, 교사 모임, 예비 교사 도임, 전문가 모임 결성

▶ 2001년

1) 후원 회원 교육

2) 교육 과정 개발 및 교육 자료 작성

3) 대지 확보 및 학교 설계

4) 교육부 인 · 허가

▶ 2002년

1) 건축 시작

2) 실험 학교 실시

3) 교사 학부모 교육 센터 설립

▶ 2003년

1) 학교 내부 시설 완공

2) 교사 선발 및 교육

3) 학생 모집

　　4) 기독교학교연구소 설립
▶ 2004년
　　1) 기독교 학교 개교
　　2) 기독교 학교 확산

6. 기도제목

1) 이 땅의 교육계를 위하여

이 땅의 교육에 하나님의 뜻이 이루어질 수 있도록 교육정책을 맡은 자들과 각 교육의 담당자들을 위하여.

2) 자라나는 세대를 위하여

이 땅의 학생들이 복음을 듣고 그리스도의 인격으로 변화되어 이웃을 사랑하며 민족과 세상을 변화시키는 역군이 될 수 있도록.

3) 기독교사들을 위하여

이 땅의 기독교사들이 모두 의인의 입술로 교육하며 하나님의 비전을 품은 각 단체들이 활성화되고 성령 안에서 연합할 수 있도록.

4) 기독교학교연구회를 위하여

　- 동일한 비전을 품은 성도들이 많이 참여할 수 있도록
　- 준비중인 책자 발간을 위하여
　- 각 위원회의 활동이 활성화 되도록
　- 교육과정 개발과 교과 준비 모임의 활성화를 위하여
　- 학교 부지 및 재정 확보를 위하여

7. 조직

고문 : 이영덕(한동대 이사장)

대표 : 임태규(광영고)

교육홍보위원회 : 임태규(광영고), 허경장(광영고)

연구기획위원회 : 오춘희(아세아연합신학대), 김윤권(평택 한광중),
　　　　　　　　정병오(양화중)

정보관리위원회 : 박상호(안산 동산고), 강영택(미국 Calvin Seminary)

재정위원회 : 최희원(경동고)

출판위원회 : 이숙경(아세아연합신학대)

8. 연락처

150-751 서울시 서대문구 충정로 3가 187

ACTS 교육 연구원 기독교학교연구회

☎ 02-393-4836, e-mail :lovecsyoon@yahoo.co.kr

글쓴이들

강영택 : 서울 동북고등학교에서 10년 동안 국어교사로 재직하다가 도미
하여 현재 Calvin Seminary에서 기독교 교육을 공부하고 있다.
TCF (IVF 소속 기독교사모임)에서 활동했으며 기독교사를 위한
많은 연구를 했고 기독교 학교운동에 깊은 관심을 가져왔다. 기
독교학교연구회의 출범에 큰 기여를 하였다.

김윤권 : 충남 홍성에 있는 기독교 학교인 풀무농업고등기술학교에서 수
학교사로 2년 동안 재직했으며 현재 평택에 있는 한광중학교에
서 학생들을 가르치고 있다. 기독교학문연구회 교육연구 모임
에서 활동하고 있으며 수학을 어떻게 기독교적으로 가르칠 것
인가에 관심이 있다. 기독교 학교를 위해 헌신하고 있으며 평택
제일장로교회에 출석하고 있다.

오춘희 : 현재 아세아연합신학대학교 기독교교육학과 교수로 섬기며 주
로 교육철학과 교육사를 가르치고 있다. 교육연구원에서 기독
교 교육이 무엇인지 늘 고민하고 있으며, 현재 왕성교회에 출석
하고 있다.

이숙경 : 아세아연합신학대학교 기독교교육학과에서 가르치고 있으며
사회, 문화와 기독교 교육의 관계에 대해 관심이 많다. 우리 교
육이 하나님 보시기에 좀더 합당한 것이 되기를 소망하며 교육
연구원에서 섬기고 있다. 현재 영락교회에 출석하고 있다.

임태규 : 서울의 광영고등학교에서 윤리를 가르치고 있으며 기독교윤리
　　　　실천운동본부 교사모임에서 활동하면서 기독교 학교에 대한 비
　　　　전을 가지게 되었다. 현재 새문단교회에서는 주일학교교사로
　　　　교사모임에서는 고양·일산지역 기독교사들을 섬기고 있다. 지
　　　　금은 기독교 학교 설립의 꿈을 갖고 기독교학교연구회에 헌신
　　　　하고 있다.

최희원 : 20여년 간 교단에서 학생들을 가르쳤으며 현재 경동고등학교에
　　　　서 과학을 가르치고 있다. TCF에서 활동하며 기독교 학교교육
　　　　에 대한 관심을 갖기 시작하였고 기독교 학교 운동에 꾸준히 참
　　　　여해 오고 있다. 현재 도원동교회에서 장로로 봉사하고 있다.

허경강 : 서울에 있는 광영고등학교에서 영어교사로 재직하고 있으며 은
　　　　성교회에서 장로로 섬기고 있다. 참다운 기독교 교육과 청소년
　　　　들의 기독문화창출을 위해 많은 관심을 가지고 애쓰고 있다. 현
　　　　재 광영남·여고등학교 중보기도 모임인 '낭단' 과 강서·양천
　　　　구의 기독문화운동인 'CROSS' 를 인도하고 있다.